個人投資家のための

# 貴金属取引入門

編著 渡邉勝方
監修 加藤洋治

70問70答でわかるしくみと分析ノウハウ

# はじめに

本書の主眼は、個人投資家の立場から貴金属（金、銀、白金）先物をどのようにトレードすればよいかという実践的課題に対し、ノウハウ例を紹介する点に置かれています。

今年（2002年）に入り、日本では金への投資が活況を呈しています。日本の金の輸入量は今年６月末時点で50トンを超え、すでに昨年の年間実績を大きく上回っています。東京工業品取引所の金先物市場も賑わいをみせています。今年２月７日には346,076枚という空前の出来高を記録しました。346トンの金が取引されたこととなり、これはバブル期の年間輸入量に匹敵します。

これらの背景は、長引くデフレにより脆弱化した日本の財政・金融システムに不安を持つ個人投資家が、資産の一部を「実物資産」である金にシフトさせていることにあります。

米国でも金への投資が注目を集めています。

ＩＴバブルの崩壊以降、やや軟調だった米国および主要国の株価は、昨年の９・11テロ事件を契機に連鎖的な急落に見舞われ、世界中の投資家の肝を冷やしました。原油などの主要商品も需要減少懸念から軒並み下落しましたが、金はドル建て価格をむしろ上昇させ、「有事の金買い」を立証しました。その後も株価が急落局面に陥るたびに金価格は堅調となり、金が金融資産の避難先として機能していることを示しています。

これまでに出版された金（貴金属）投資に関する本の多くは、将来のインフレ到来リスクを説くことで、金を「保険」としてポートフォリオの一部に組み込み、長期投資（保有）を推奨するという単純明快な論理で構成されているようです。

本書はそれに対抗して、金を「相場商品」と捉え、投資の主目的である「売りと買いのタイミングをどう把握して利益を確保するか」というテーマを中心に据えました。

金の売買タイミングの取り方が重要であるという点に関し、最近の事例を挙げてみます。

2002年に入り、金先物価格はペイオフ対策にからんだ買いを背景にして、年初（１月４日）の1,171円／ｇから３月29日には1,293円まで上昇しました。しかしペイオフの部分解禁が実施された４月からは一転買い手不足になり下落し始め、さらには円高も重なり、７月末には1,150円に下がってしまいました。この間、先物で買った人は無論のこと、現物の地金を買った人も売買タイミングの重要性を痛感されたに違いありません。

また、かつて１ｇあたりの金価格が3,000円を下回った1982年や、2,000円を下回った1986年にも金地金投資がブームになったことがありますが、そのころに地金を購入して保有している人は未だに元本割れを余儀なくされています。そのために1999年に1,000円割れとなったときには金に目を向ける人はとても少なくなってしまいました。しかし皮肉なことに、その年につけた836円が今度は歴史的安値を形成した観があります。

　本書は、前著『個人投資家のための原油取引入門』や『個人投資家のためのガソリン灯油取引入門』の姉妹編として構成し、どこからでも読める70問70答形式としています。ささやかながらも、悩める個人投資家の方々の参考になれば幸いです。

　本書の執筆にあたっては、多くの方々のご協力を賜りました。

　まず、全編を通じて加藤洋治氏（元住友金属鉱山㈱の金ディーラー、日本ユニコム㈱元取締役）に監修をお願いし、さらに木原大輔先生（日本ユニコム㈱顧問）と井上純之助氏（元三井物産㈱貴金属部長、現日本ユニコム㈱監査役）に高覧いただきました。

　また編集と装丁担当の細田聖一氏には、今回も鮮烈なイメージで表紙を整えていただきました。

　ここに記してお礼を申し上げます。

2002年9月9日

筆者

個人投資家のための

# 貴金属取引入門

*precious metals trading guide*

## もくじ

# Contents

## 個人投資家のための貴金属取引入門


はじめに ―― 3

## Part1 基礎知識編 ―― 13

Part1「基礎知識編」について ―― 14

Q1 金・銀・白金はどんなところに存在しているのですか？ ―― 15
Q2 金・銀・白金の物理特性を教えてください ―― 17
Q3 金・銀・白金の用途を教えてください ―― 19
Q4 いま、なぜ金ブームなのですか？ ―― 22
Q5 金はインフレに強いというのは本当ですか？ ―― 26
Q6 「有事の金」とはどのような意味ですか？ ―― 29
Q7 トロイオンスとは何ですか？ ―― 33
Q8 金の主要な生産国を教えてください ―― 35
Q9 銀の主要な生産国を教えてください ―― 39
Q10 白金の主要な生産国を教えてください ―― 41
Q11 金・銀・白金の主要な需要地域を教えてください ―― 43
Q12 日本の金・銀・白金の輸入量の推移を教えてください ―― 45

Q13 金はあと20年で採れなくなるというのは本当ですか？ —— 47
Q14 南アフリカ共和国の金・白金の生産事情を教えてください —— 49
Q15 世界の金市場について教えてください —— 52
Q16 世界の白金市場について教えてください —— 56
Q17 金鉱山会社再編について教えてください —— 58
Q18 公的機関の金保有について教えてください —— 61
Q19 ニクソンショックについて教えてください —— 64
Q20 ワシントン合意とは何ですか？ —— 67
Q21 日本は昔、本当に「黄金の国＝ジパング」だったのですか？ —— 70
Q22 カリフォルニアのゴールドラッシュについて教えてください —— 72
Q23 都市鉱山（アーバン・マイン）とは何ですか？ —— 75

## Part2 トレードベーシック編 —— 77

Part2「トレードベーシック編」について —— 78

Q24 金・銀・白金の価格推移を教えてください —— 79
Q25 金投資にはどんな種類がありますか？ —— 82

# Contents

Q26 現物取引と先物取引の違いは何ですか？ 84
Q27 金の現物よりも金先物の方が価格が安いというのは本当ですか？ 88
Q28 東工取の金・銀・白金先物の取引条件を教えてください 90
Q29 金・銀・白金先物取引への投資はいくらから始められますか？ 92
Q30 金・銀・白金の現物受渡しはどのくらい行われているのですか？ 94
Q31 金・銀・白金の現物受渡しの手順を教えてください 96
Q32 先物取引委託者保護のしくみを教えてください 99
Q33 金の需給見通しを教えてください 101
Q34 銀の需給見通しを教えてください 104
Q35 白金の需給見通しを教えてください 106
Q36 金の生産コストは1トロイオンスあたり何ドルですか？ 108
Q37 円建て金価格の変動要因を教えてください 110
Q38 金・銀・白金の価格はそれぞれ連動していますか？ 112
Q39 金・銀・白金需要とGDP成長率の関係を教えてください 113
Q40 金・銀・白金価格と為替レートの相関性は高いのですか？ 115
Q41 金価格と平均株価は連動しますか？ 117
Q42 1999～2000年に白金が高騰した理由は何ですか？ 120
Q43 ロシアの白金族供給事情について教えてください 122

# Part3 トレード実践編 ——— 125

Part3「トレード実践編」について ——— 126

Q44 金・銀・白金は買い有利ですか、売り有利ですか？ ——— 127

Q45 1円の円安（高）で円建て金・銀・白金価格はどれだけ影響を受けますか？ ——— 132

Q46 金価格の平均的な上下幅を教えてください ——— 136

Q47 銀価格の平均的な上下幅を教えてください ——— 140

Q48 白金価格の平均的な上下幅を教えてください ——— 143

Q49 通常、金のさやの状態はどうなっていますか？ ——— 146

Q50 通常、銀のさやの状態はどうなっていますか？ ——— 149

Q51 通常、白金のさやの状態はどうなっていますか？ ——— 151

Q52 貴金属先物取引でさや取り手法は有効ですか？ ——— 153

Q53 金・銀・白金の先限つなぎ足チャートは有効ですか？ ——— 155

Q54 代表的なトレード手法は有効ですか？ 検証①単純移動平均 ——— 158

Q55 代表的なトレード手法は有効ですか？ 検証②ボリンジャーバンド（逆張り） ——— 167

Q56 代表的なトレード手法は有効ですか？ 検証③ボリンジャーバンド（順張り） ——— 175

Q57 代表的なトレード手法は有効ですか？ 検証④ブレイクアウト ——— 181

Q58 代表的なトレード手法は有効ですか？ 検証⑤DMI ——— 189

Q59 代表的なトレード手法は有効ですか？ 検証⑥MACD ——— 197

# Contents


Q60 代表的なトレード手法は有効ですか？ 検証⑦RSI ——205

Q61 代表的なトレード手法は有効ですか？ 検証⑧ストキャスティクス ——212

Q62 代表的なトレード手法は有効ですか？ 検証⑨モメンタム ——220

Q63 代表的なトレード手法は有効ですか？ 検証⑩OBV ——226

Q64 金のトレード戦略例を示してください◎OBVのRSI ——233

Q65 銀のトレード戦略例を示してください◎トレンド―カウンタートレンドシステム ——236

Q66 白金のトレード戦略例を示してください◎勢力指数 ——240

Q67 金のオプション戦略を教えてください◎戦略①プットオプション ——244

Q68 金のオプション戦略を教えてください◎戦略②コールオプション ——247

Q69 CFTC建玉明細を使ってトレードできますか？ ——250

Q70 トレード戦略を同時に複数運用するとどうなりますか？ ——252

参考文献 ——255

参考ウェブサイト ——256


**免責事項**

この本で紹介してある方法や技術、指標が利益を生む、あるいは損失につながることはない、と仮定してはなりません。過去の結果は必ずしも将来の結果を示したものではありません。

この本の実例は、教育的な目的でのみ用いられるものであり、売買の注文を勧めるものではありません。

# Part1 基礎知識編

## Part1「基礎知識編」について

Part1は「基礎知識編」として、貴金属という商品や業界のベーシックについて書かれています。

現物・先物を問わず貴金属への投資に興味のある人向けに、基本的なことを中心に23問にまとめました。

特に「Q６「有事の金」とはどのような意味ですか？」については、ぜひ目を通しておいてほしい部分です。

# Q1



## 金・銀・白金は
## どんなところに存在しているのですか？

**A　ごく微量ですが、どの地域の地殻にも存在しています。海の中にも溶け込んでいます。**

### ■金は地殻１トンあたり平均0.004グラム存在

地殻はさまざまな元素でできており、その主要構成元素は多い順に、酸素46.6%、珪素（けいそ）27.7%、アルミニウム8.1%、鉄5.0%、カルシウム3.6%となっています。その中に貴金属もごく微量ながら存在しており、平均的には金0.004ppm（地殻１トンあたり0.004g）、銀0.07ppm（同0.07g）、白金（プラチナ）0.002ppm（同0.002g）という分布となっています。ちなみに銅は55ppm（同55g）です。

実際の地殻は不均質なので、「鉱床」と呼ばれる特定元素が濃集した場所で、商業採掘されることになります。一般に採算の取れる鉱床は金で３～５ppm以上といわれていますが、ほかの金属のバイプロ（副産物）として採掘できる場合は、この限りではありません。

さらに微量ながら海水中にも金は存在し、その量は海水1トンあたり0.000004gです。海洋全体の金の量は550万トンという計算になり、有史以来人類が手にした金の40倍です。

## ■銀より価値が低かった白金

白金は存在度が低く、鉱床が偏在しているため、18世紀ごろまでのヨーロッパなどでは知られていませんでした。

16世紀後半から金を求めて南アメリカに侵入したスペイン人は、コロンビアの金／白金鉱床で砂金から白金を取り除く作業に手間取り、白金のことを「プラチナ・デル・ピント」（ピント川のちっぽけな銀）と呼んで厄介物扱いしていました。この呼び名がヨーロッパに伝わり、「プラチナ」の語源になったのです。

白金の物性が判明したのは、18世紀になってからです（田中貴金属工業編『貴金属のおはなし』より）。

# Q2

# 金・銀・白金の物理特性を教えてください

**A　金・銀は、銅の仲間で、延展性・熱伝導性に優れます。白金は、安定度が極めて高いのが特徴です。**

## ■金は、延展性がNo.1

金は、元素記号Au、周期表１Ｂ族の銅族に属している金属。融点は1,064℃、沸点は2,800℃です。密度は19.32g/$cm^3$で、水の19.32倍の重さとなります。金を溶解するには、硝酸１：塩酸３の王水や、シアン化合物が必要です。

金独特の「金色」は、金が黄色の波長の光のみを反射し、ほかの波長の光は吸収してしまうことで生まれます。

金の最大の特徴は、金属のなかで最も延展性に優れている点です。１ｇの金を線に加工すると3,000ｍに、箔に加工すると4,900$cm^2$（畳1/3）もの面積になります。これは、金がほかの金属に比べ、外圧に対して動きやすい結晶構造をしているからです。また、導電性の高さでは、銀、銅に次いでいます。

## ■銀は、電気および熱の伝導率がNo.1

銀は、元素記号Ag、周期表１Ｂの銅族に属している金属。融点は962℃、沸点は2,210℃、密度は10.50g/$cm^3$です。溶解できる薬品は硝酸・熱濃硫酸で、それぞれ硝酸銀・硫酸銀となります。シアン化合物にも溶解します。

銀は可視光線のすべてを反射し、反射率が91％と金属のなかでも最高であることから、「銀白色」に見えます。銀は普通の状態では酸素と反応しませんが、空気中に放置すると硫化水素や亜硫酸ガスと反応して硫化銀ができて表面が黒ずんできます。

最大の特徴は、金属のなかで最も電気および熱の伝導率が高い点です。抵抗率は1.62×$10^{-6}$Ω・cm、熱伝導率は0.998cal/cm・s・deg（20℃）です。また、延展性は金に次いで優れています。

## ■白金は、大気中の安定度が抜群に高い

白金は、元素記号Pt、周期表８Ａの白金族に属している金属。融点は1,769℃、沸点は3,827℃、密度は21.45g/$cm^3$です。溶解できる薬品は王水（硝酸１：塩酸３）です。水酸化アルカリ、塩素とは高温で反応します。空気中や水中では、極めて安定している金属です。

白金は銀に次ぐ反射率（70％）をもつ金属で、可視光線のすべてを反射することから、「白色」に輝いて見えます。

最大の特徴は、大気中で加熱してもほとんど酸化しない安定性です。また、電気および熱の伝導率と延展性が高い点は、「白い」金と呼ばれるゆえんです。

# Q3



## 金・銀・白金の用途を教えてください

### A　宝飾品以外にも幅広い分野で利用されています。

**金・銀・白金の用途のトップはもちろん宝飾品です。そしてそれ以外にも、工業や医療などの、幅広い分野で利用されています。**

### ■トップは宝飾品用途

貴金属の最大の用途は指輪、ブレスレットなどの宝飾品です。

2001年の世界全体でみた宝飾品用途の割合は金86％、銀34％、白金43％で、特に金は宝飾品用途が極めて高い貴金属です。

### ■意外な分野でも利用されている

それ以外の用途としては、工業用・医療用に分かれます。

金・銀・白金は、ともに熱伝導率の高さから、電子部品産業において電気接点材料や集積回路用の材料として幅広く利用され、コンピューターや携帯電話などの製造には欠かせない役割を果たしています。

銀の最大の工業用途は、写真フィルムの感光剤です。

白金は自動車の排気ガス浄化触媒、石油化学プラントの反応触媒用途などのほか、新技術への応用がこれから本格化します。

医療向けとしては、金が歯科材料や、リューマチ治療薬原料に利用されています。白金は制がん剤原料に利用されています。

## ■カーボンナノチューブにも白金が活躍

燃料電池の触媒にも、白金が使われています。

次世代携帯電話やノートパソコンの充電池向けに、小型で大容量の燃料電池が開発されています。

電極に白金系触媒とともにカーボンナノチューブと呼ばれる炭素素材を使用することで、現在広く使われているリチウム電池よりもエネルギー密度が10倍にもなります。

図1　金の消費用途（2001年）

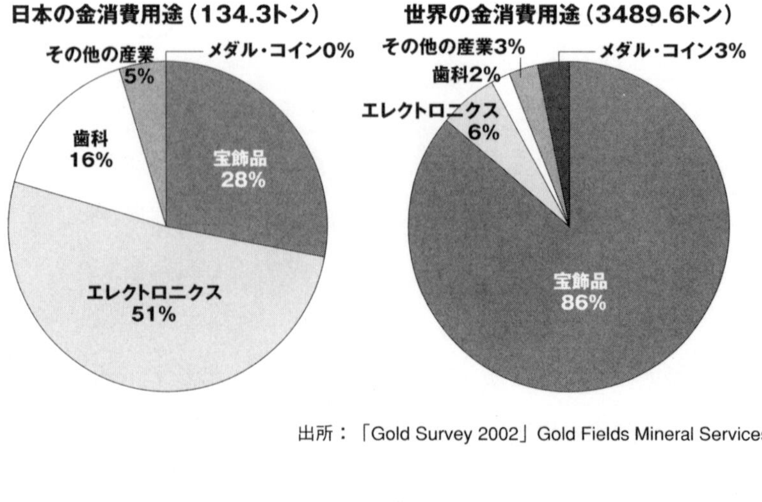


出所：「Gold Survey 2002」Gold Fields Mineral Services

図2　銀の消費用途（2001年）

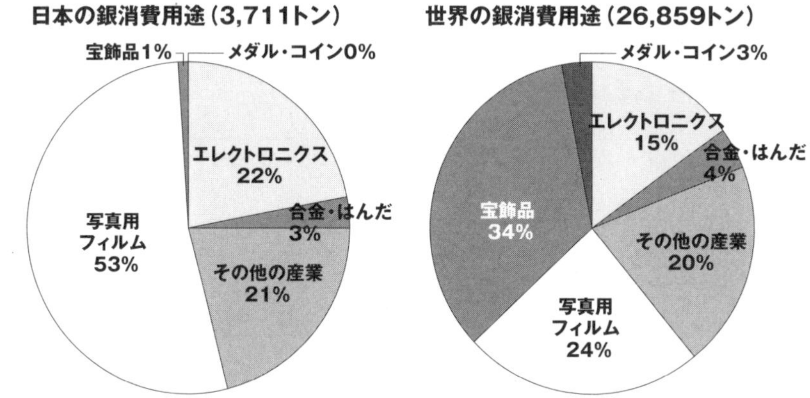


出所：「World Silver Survey 2002」Silver Institute

図3　白金の消費用途（2001年）

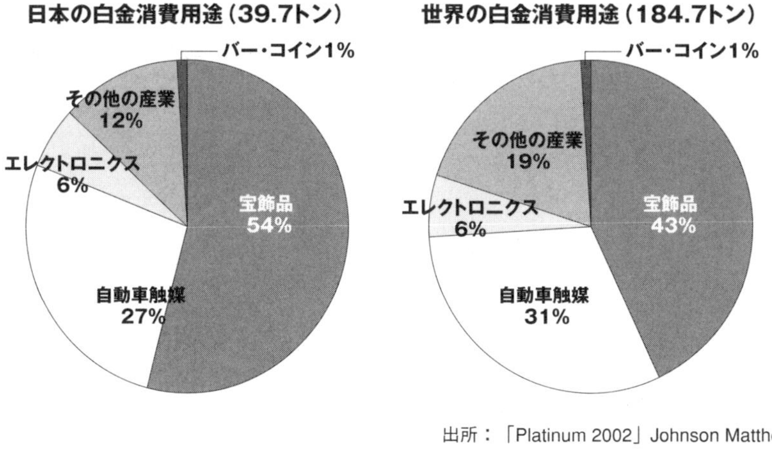


出所：「Platinum 2002」Johnson Matthey

# Q4

## いま、なぜ金ブームなのですか?

### A　実物資産としての「安全性」が ブームの基本的背景です。

#### ■財政破綻に瀕する日本

2002年5月31日、米ムーディーズ社は日本の円建て国債格付けをA2に引き下げました。その理由を、日本の財政悪化を戦後の先進諸国に類をみない「未踏の領域」と表現し、長引くデフレ下にあって金融システムの脆弱性が増しているため、と指摘しています。

デフレの長期化により、過去10年ですでに150以上の金融機関が破綻し、まだ数多くの金融機関の経営が危ぶまれています。

図4　日本の金融機関の破綻件数(1991～2001年度)(単位／件数)

| | 1991~1994 | 1995 | 1996 | 1997 | 1998 | 1999 | 2000 | 2001 | 合計 |
|---|---|---|---|---|---|---|---|---|---|
| 総件数 | 8 | 6 | 5 | 17 | 30 | 44 | 14 | 56 | 180 |
| 銀行 | 1 | 2 | 1 | 3 | 5 | 5 | 0 | 2 | 19 |
| 信用金庫 | 2 | 0 | 0 | 0 | 0 | 10 | 2 | 13 | 27 |
| 信用組合 | 5 | 4 | 4 | 14 | 25 | 29 | 12 | 41 | 134 |

出所:「平成13年度預金保険機構年報」預金保険機構

## ■「ひとり勝ち」の終焉を迎えた米国

米国の財政は2002年再び赤字に転落し、その額は1,500億ドル内外に達すると予想されています。一方で貿易赤字も年々膨らみ、年間4,000億ドルを超える勢いで、「双子の赤字」問題が再浮上しています。

2001年の9・11事件以降のテロ不安と戦費増大、エンロン破綻以後次々に明るみに出る粉飾決算問題、株価バブル崩壊懸念、失業率上昇等、これまでひとり勝ちだった米国経済は変調をきたしています。結果、貿易赤字でばらまかれた米ドルの米国金融市場への再投資が鈍り、中長期にわたるドル売り懸念が高まっています。

## ■米国に連動して精彩を欠く欧州

欧州は米国の株高とランデブーする形で、2000年まで堅調な経済成長を続けたあと、2002年にはユーロ新通貨導入をスムーズに実現しました。

しかし、2001年半ばからは成長率が大幅に鈍化。ドイツでは2001年の倒産件数が第二次世界大戦後最多となり、2002年はそれを更新する見通しです。また、失業率がドイツで9.5％、欧州平均で8％台と高いことも悩みです。

## ■資産デフレが続くなかで「金」が健闘

日本では株価の大幅下落とゼロ金利の結果、円建てペーパー資産

図5　主な投資商品における利回り※1比較

| | 1988年 | 2001年 | 2001年 |
|---|---|---|---|
| 土地※2 | 68% | -6% | -6% |
| 預金 | 4% | 0% | 0% |
| 債券 | 5% | 1% | 1% |
| 株式※3 | 19% | -23% | -14% |
| 保険※4 | 5% | 1% | 1% |
| 金 | -13% | 19% | 9% |

※1　金利商品以外は年間上昇率
※2　東京圏の住宅公示地価指数
※3　日経平均株価（225種・東証）
※4　一時払い養老保険

出所：「地価公示」国土交通省、「金融経済統計月報」日本銀行、日本経済新聞社等

のメリットが薄らいでいます。外貨建て資産においても、ドルやユーロは金利が低下しているうえに、為替リスクが伴います。

図5は、主要投資商品の年間利回り（もしくは価格上昇率）が、バブル期の1988年と、直近の2001年、2002年（９月26日現在）でそれぞれどう変化したかを示したものです。

1988年には土地と株式を稼ぎ頭に、魅力的な資産が目白押しでしたが、この10年ですっかり様変わりしてしまいました。その中にあって金は1999年に大底を打ち、2001年には19％の上昇をしているわけですから、にわかに注目を集めるのは当然でしょう。

図6　金ブームを報道する一般紙記事（2002年2月8日(金)朝日新聞）

株価の低迷　ペイオフ解禁

# 「金ブーム」過熱

金人気が過熱している。売れ行きの急増に、円安の進行も加わって、小売価格は、3年4カ月ぶりの高値水準だ。数千万円の金を購入する客もいるという。業界最大手の田中貴金属工業は「株価低迷と目前に迫ったペイオフの解禁をにらみ、長期の保有資産として金が再評価されている」と、人気の背景を分析している。

田中貴金属工業によると、1㌘あたりの金価格は昨年1月から上昇基調にあり、7日現在で1333円。旧日本長期信用銀行（現新生銀行）の破たんをきっかけに金融システムへの不安が増幅し、銀行預金から金に資金が向かった98年10月以来の高値水準だ。

販売量も伸びている。具体的な数量は公表していないが、田中貴金属の01年下半期の販売量は上半期に比べて2倍に増えたうえ、今年1月の販売量は昨年の同じ時期に比べて5倍に増え、2月に入っても順調に売れているという。

同社によれば、店頭で5～10㌔（約700万～1400万円）の金を購入していく客が多い。「家族連れで車に乗って来店し、40㌔を購入した客もいた」という。昨年上半期までは、50～60代の比較的富裕層の客が多かったが、若い世代にも購入層が広がっている。

## 若年層にも広がり

東京工業品取引所の金先物市場では決済時期別に何通りもの取引が行われているが、6日の市場では各決済期でストップ高が相次いだ。7日の先物市場でも過去最多となる34万枚（34万㌔）を超す大商いの中、前日並みの高値で取引された。

金人気の影響
企業の株価にも
る。TOPIX
価指数）が連日、
後安値を更新し
日に、非鉄金属
友金属鉱山の株
全体の流れとは
騰。7日はやや
落したものの、
93円は昨年9
て約1・5倍の

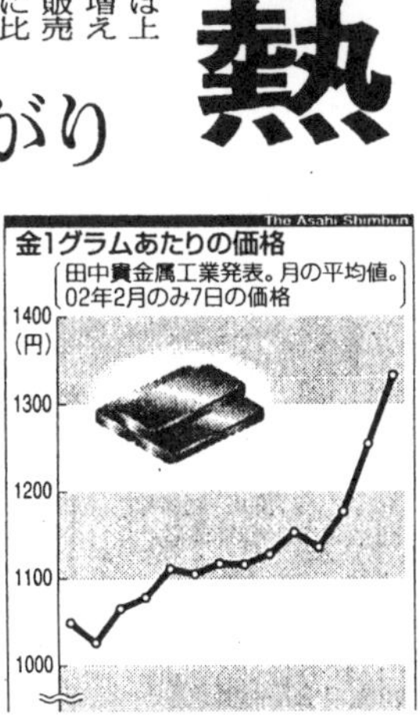


ご一緒に洋服はいかがですか?
ナルド

会社合併
日石三菱は
会社の精製
製、興亜石
4月1日付
た。社名は
、社長に日
が就く。精
スト削減競

種生産中止
ャー用車の
ティア」、
動車「Z」
いっぱいで
。国の環境
うえ、販売

車
型軽自動車

# Q5

## 金はインフレに強いというのは本当ですか?

**A　本当です。**

**金は「究極的な支払い手段」であることから、インフレ、デフレを問わず、ペーパーマネーの信用が急低下するときに、価値が上昇します。**

### ■過去2度のオイルショックで金価格急騰

図7に示される通り、過去2度のオイルショック(1973年、1979〜1980年)で生じたインフレ時に、金価格は大幅上昇しています。

特に第二次オイルショックの1980年には、前年比100%を超える上昇となっており、1978年には約1,300円だった平均価格が、1980年は一時6,495円と約5倍にもなりました。このため「金=インフレに強い」という認識が、広く浸透しました(ただし、インフレが沈静化した1981年以降は、行き過ぎた金価格に対する修正、1985年のプラザ合意以後の急激な円高、金自体の需給緩和に頭を抑えられ、金価格は低落傾向をたどりました)。

### ■長期でみても「金はインフレに強い」

図8は、1954年の米国の金価格と生産者物価指数を1として、そ

図7　日本の金価格と消費者物価指数の対前年比上昇率（1954～1999年）

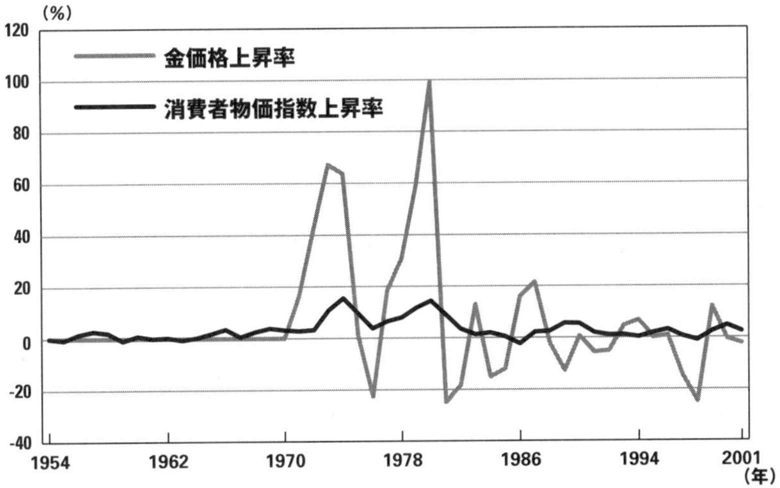


出所：2001年経済白書

図8　米国の金価格と生産者物価指数の上昇率（1954～2001年）

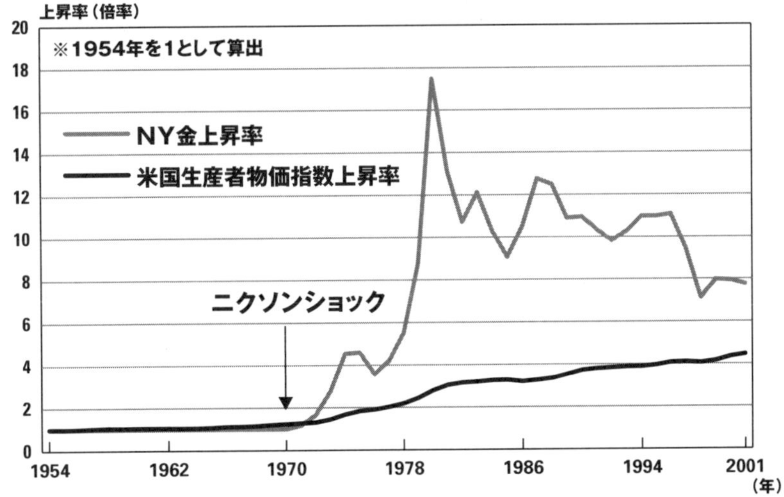


出所：2002年米国経済白書

の推移を示したものです。

2001年までの47年間で、生産者物価指数は4.4倍に上昇しましたが、金は7.8倍になっており、インフレに強いことを実証しています。

日本においては、1900年当時の金は１グラム＝1.33円でしたが、1980年には一時１グラム＝6,495円まで上昇しました。なんと80年前の、約5,000倍にもなったのです。この間の卸売物価の上昇は1,600倍程度ですから、やはりインフレに強いということがいえるでしょう。

# Q6

## 「有事の金」とは どのような意味ですか？

**A 「非常事態において金は安全性の高い資産である」という意味です。**

### ■日本の財政状況は第二次世界大戦中なみ

広辞苑によれば「有事」とは「戦争や事変など、非常の事態が起こること」と定義されています。今後の日本に「有事」があるとすれば、戦争よりも大地震の発生や国家財政が将来破綻することでもたらされる、経済の大混乱というシナリオが有力でしょう。

1990年初頭から始まった、土地や株式などの資産バブル崩壊の過程で、政府が不景気対策や金融システムの支援に関わる財政負担を公的債務でまかない続けた結果、2002年度末の公的債務残高は693兆円に達する見通しです（2002年７月末現在）。

対ＧＤＰ比では約140％にのぼり、1992年度末の同約62％から10年間で80％増加したことになります。この比率は、第二次世界大戦中の昭和18年（公的債務残高851億円、対ＧＮＰ比約128％）を上回り、あと数年で昭和19年の200％強に達する可能性が高いという状態です。

これはまさに「有事的」状況といえるでしょう。

図9　1936～1945年公的債務と対GNP比

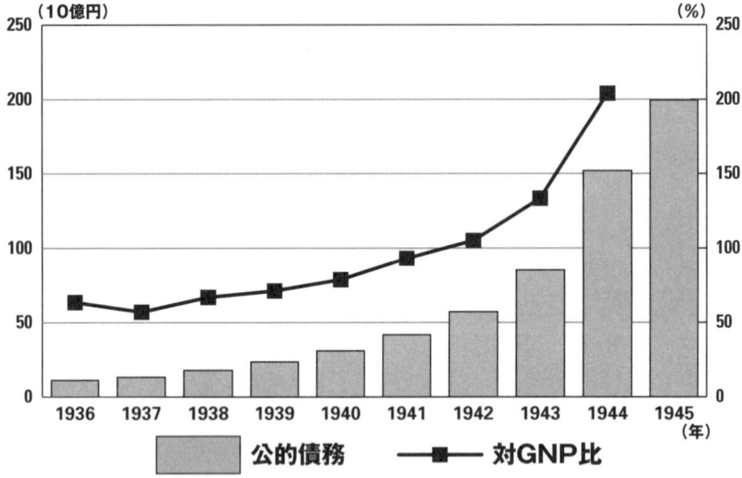


※1945年のＧＮＰは原資料に記載なし
出所：「明治以降　本邦主要経済統計」日本銀行、「国民所得白書」経済企画庁

図10　1993～2002年公的債務と対GDP比

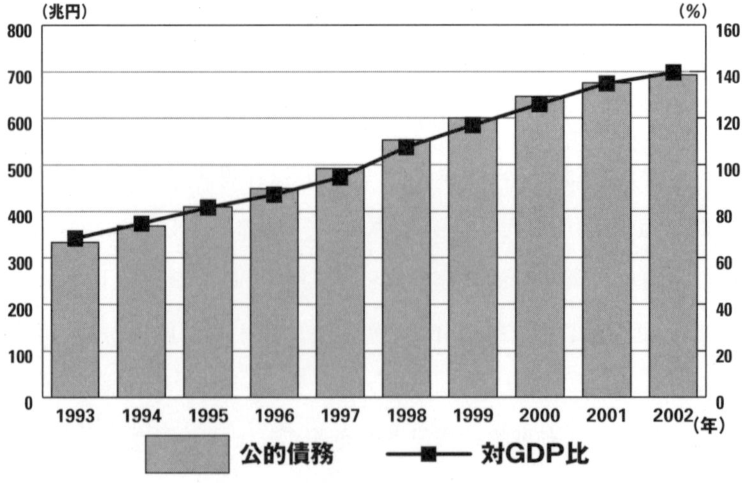


出所：「財務関係諸資料」財務省、「国民経済計算年報」経済企画庁

図11　戦費調達のための戦争国債（戦時貯蓄債券）

## ■最後は「円の暴落」→「キャピタルフライト（資金逃避）」か

公的債務を不履行にするわけにはいきません。

その意味で将来の大増税は不可避な状況ですが、政治的には困難な選択です。そのため、向こう数年は「現状先送り」され、赤字国債はさらに増発される公算です。

2005年度には借換債だけで100兆円を超えると予想され、いつまで新規国債の市中消化が持続できるかという点がカギです。もし引き受け未達となれば、「禁じ手」とされる日銀の国債直接引き受けという事態を招くかもしれません。そうなれば為替レートは一気に円安に振れ、円建て金融資産の多くが、安全な逃げ場を外貨建て金融資産や金などに求めるというキャピタルフライト（資金逃避）が生じる恐れがあります。

### ■「金」で資産を守る

敗戦後の日本は、極端な物不足の中、紙幣だけが大増刷された結果、すさまじいインフレに見舞われました。

日銀統計によれば、1950年（昭和25年）の消費者物価は10年前に比べ、実に141倍になっています。

生産設備過剰の今日、かつてのような極端なインフレに見舞われる可能性は低いでしょう。しかし、円安は輸入資源・原料のコストアップを招くため、企業の多くは原料コスト以外の経費（主として人件費）をさらに削減する方向に走るでしょう。結果、大半の日本人の生活水準は切り下げを余儀なくされる可能性が高いと考えます。

「金」で資産を守っておくことも、ひとつの方策でしょう。

# Q7

# トロイオンスとは何ですか？

**A　国際的な貴金属の重量単位で、
1トロイオンス（1TOZ）＝約31gです。**

## ■1トロイオンス＝31.1035g

日本では貴金属重量を、グラム（g）やキログラム（kg）で表しますが、国際的には「トロイオンス（TOZ）」単位のドル建て表示となります。また、金貨もオンス単位で鋳造され、取引されています。

1トロイオンス＝31.1035gであり、英国のヤード・ポンド法の「常用オンス」の「1オンス＝約28.3495g」とは異なります。

この「トロイ」という名称は、中世フランスの地名に由来するといわれています。

## ■円建て価格への換算式

1トロイオンスあたりのドル建て金価格を1gあたりの円建て価格に換算するときは、以下の換算式を用います。ドル建ての国際価格を一定とすると、国内価格は円高で下がり、円安で上昇します。

1gの円建て金価格＝（NY金価格＋輸入諸掛1ドル）÷31.1035×為替レート

例えば、NY金価格＝320ドル、１ドル＝120円とすると、

金価格＝（320＋1）÷31.1035×120≒1,238円

となります。

## ■カラットは純度の尺度

金の純度を示すにはカラット（Karat）という単位が使われます。純金(99.99％)は24Kと表示され、12Kでは純度約50％となります。

24段階で純度を表示するのは、紀元５世紀頃にリュディア人（今のトルコ地方の人）が商売で受け取った金塊を「試金石」と呼ばれる黒い石にこすりつけ、こすった跡を金・銀・銅３種の合金割合を変えた24本の標準針と比較して、その金塊の純度を判定したことに由来します。24番目の針が純金製であったことから、24Kが純金を意味するようになりました。

なお、ダイヤモンドなどの宝石に使われるカラット（Carat）は、重量単位で１カラット＝0.2gとなっています。

# 金の主要な生産国を教えてください

**A　3大生産国は南アフリカ、米国、オーストラリアです。**

**2001年における世界の金生産国の上位7カ国は、1位南アフリカ(394トン)、2位米国(335トン)、3位オーストラリア(285トン)、4位インドネシア(183トン)、5位中国(173トン)、6位ロシア(165トン)、7位カナダ(157トン)となっています。**

**この7カ国の新産金量は1,692トンで、全体の65％を占めています。**

## ■減産続く南アフリカ共和国

南アフリカ共和国で金が発見されたのは、19世紀末のことです。以来、驚異的な増産で、20世紀初頭には世界最大の金生産国に踊り出ました。1970年には生産量が年間1,000トンに達し、世界の金生産の2／3を占めました。

しかしその後は減少に転じ、現在では年400トン台まで落ち込んでいます。その生産量減少の背景には、基本的に金鉱床の品位低下があります。

図12　金の主な生産国（2001年）

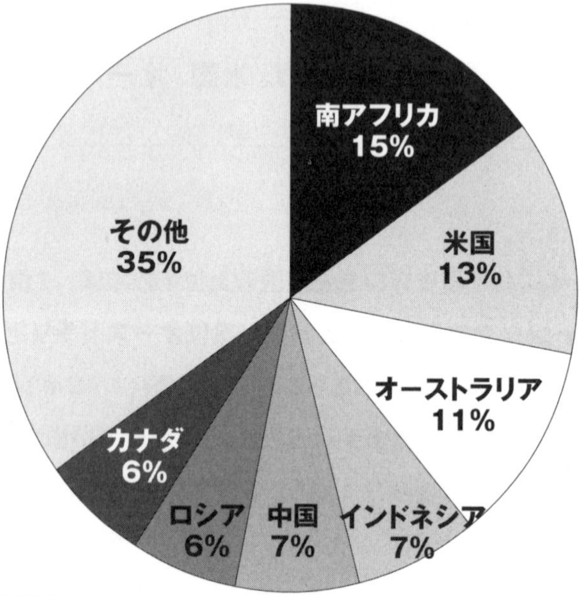


出所：「Gold Survey 2002」Gold Fields Mineral Services

## ■環境問題を抱える先進国

先進国のなかでは、米国、カナダの生産量は安定しています。しかし、埋蔵量が枯渇しつつあることに加え、環境問題で操業採算割れとなって閉山された金鉱山も出ており、今後の生産量は伸び悩むと予想されています。鉱山会社の合併など業界再編も進んでいます。

**（「Q17：金鉱山会社再編について教えてください」を参照）**

図13　世界の金生産高推移（1950〜2001年）

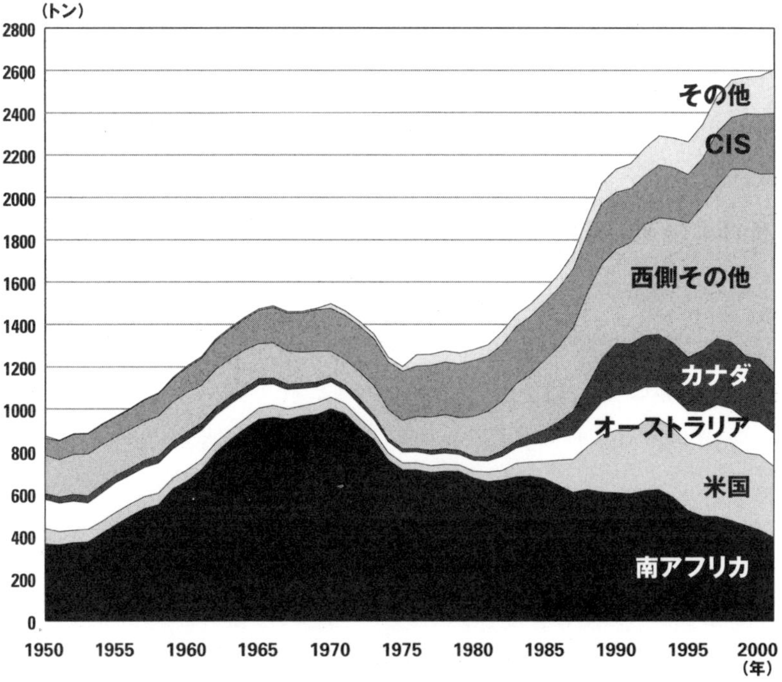


出所：「Gold Survey 2002」Gold Fields Mineral Services

## ■生産拡大する中国、旧ソ連諸国

中国の金生産量は、2000年に162トンと前年より４％増加し、過去10年間で最大の生産量となりました。中国政府はさらなる増産に向けて鉱業自由化の方針を打ち出し、外国企業の投資を促進しようとしています。また、2002年には金の現物取引所が上海に開設されました。

旧ソ連諸国の金生産も順調に拡大しています。特にロシアの伸びが著しく、未開発の金鉱が同国にはまだ数多く存在しているようです。1998年以降、産業の自由化が加速され、金の取引免許や輸出免許を取得する商業銀行が急増しています。

## ■日本の菱刈鉱山は世界有数の高品位金鉱

日本の金鉱山から取れる金の生産量は年間約9トンで、金生産国ランクの30位前後です。そのほとんどは鹿児島県の菱刈鉱山（住友金属鉱山㈱が保有）から生産されています。

菱刈の鉱石は1トンあたり約60gもの金が含まれ、南ア金鉱山の鉱石の10倍近い高品位を誇っています。

菱刈鉱山は2000年9月までに109トンの金を産出し、佐渡の金山が400年かけて産出した金の合計83トンを超えました。埋蔵量は約260トンと推定されており、今後もさらに40年間の生産が見込まれています。

# 銀の主要な生産国を教えてください

## A　中南米のメキシコとペルーが首位を競っています。

**銀は世界各地で産出され、生産量は、中南米のメキシコとペルーが首位を競っています。**

**日本でも2001年に80トンを生産しています。**

図14　銀の主な生産国

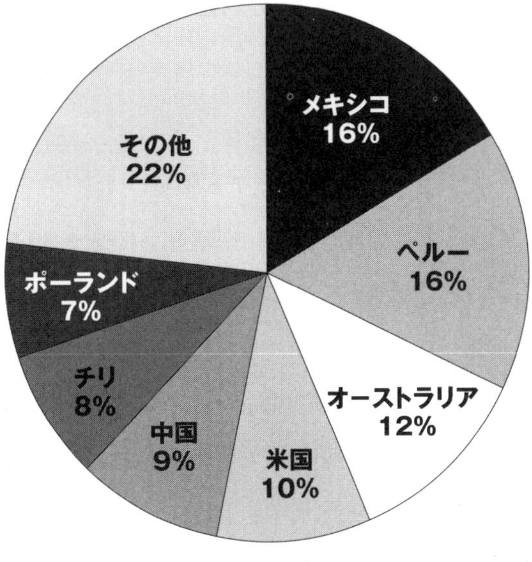


出所：「World Silver Survey 2002」Silver Institute

図15　銀主要生産国の生産高推移（1990～2001年）

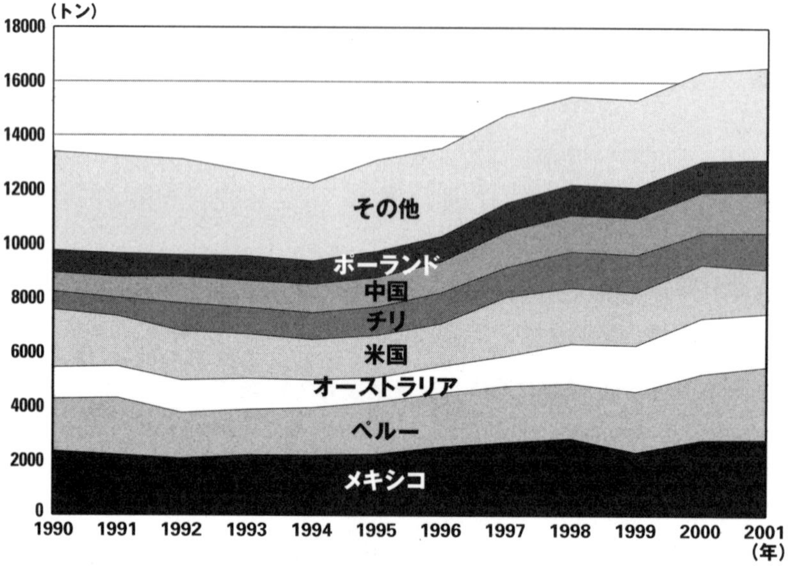


出所：「World Silver Survey 2002」Silver Institute

## ■年間1,000トン以上の生産国は7カ国

銀の生産国のなかで年間1,000トン以上を生産する国は、7カ国あります。上位から順にメキシコ、ペルー、オーストラリア、米国、中国、チリ、ポーランドとなっています。生産高合計は年間1万4,390トンになり、この7カ国で世界の78％を占めます

また、ほとんどの銀は、鉱山にもよりますが、銅、亜鉛、鉛、金などの副産物として生産されています。

# Q10

## 白金の主要な生産国を教えてください

**A　2大生産国の南アフリカとロシアで、世界供給の9割を占めます。**

### ■南アフリカ共和国はシェア7割

白金の生産第1位は、南アフリカ共和国です。2001年に128トンを産出し、その世界シェアは73％と圧倒的です。第2位はロシアで

図16　白金の生産国

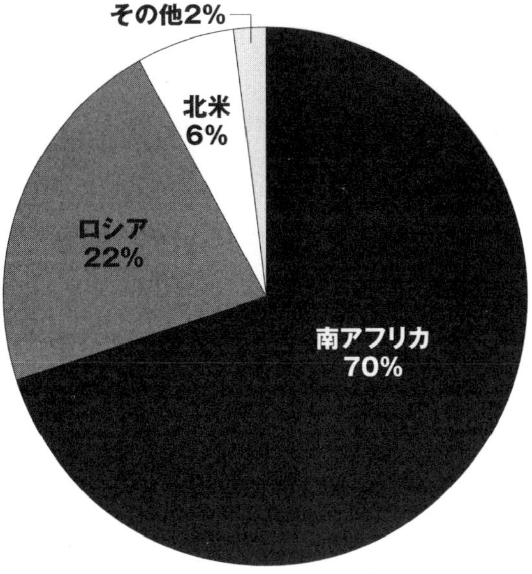


出所：「Platinum 2002」Johnson Matthey

図17　白金主要生産国の生産高推移（1980～2001年）

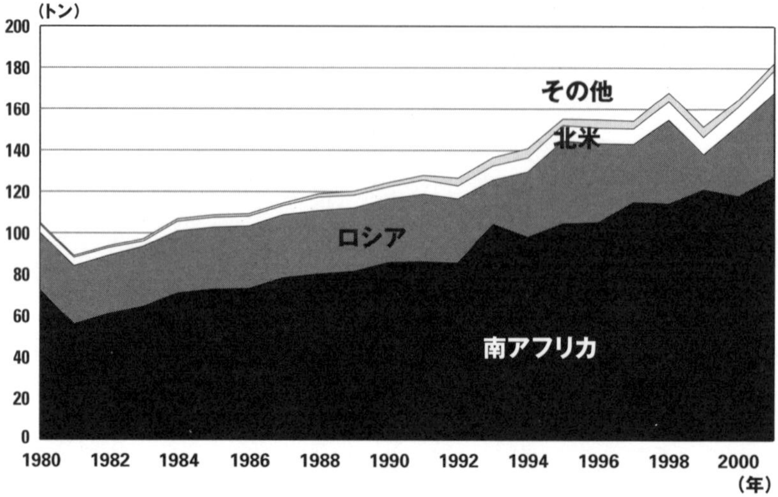


出所：「Platinum 2002」Johnson Matthey

同年40トンの産出量です。次いで、北米（米国とカナダ）が11トンとなっています。

白金は、南アフリカとロシア２カ国だけでシェア92％に達し、資源が偏在している点が大きな特徴です。

# 金・銀・白金の主要な需要地域を教えてください

**A いずれも欧州が最大の需要地域です。国ごとにみると最大の金需要国はインドです。**

## ■インドの金需要は世界一

図18～図20をみてください。2001年は欧州が金、銀、白金のいずれにおいても最大の需要地域です。

ただし、金については、国ごとでみればインドの需要が世界最大です。同国では婚礼のときに大量の金を求める慣習があるため、伝

図18　金の地域別需要（1997～2001年）（単位：トン）

| | 1997年 | 1998年 | 1999年 | 2000年 | 2001年 |
|---|---|---|---|---|---|
| 欧州 | 855 | 894 | 857 | 852 | 813 |
| 北米 | 312 | 350 | 368 | 300 | 256 |
| 南米 | 113 | 118 | 115 | 120 | 105 |
| 中東 | 728 | 679 | 610 | 671 | 592 |
| インド亜大陸 | 741 | 815 | 805 | 807 | 799 |
| 東アジア | 798 | 574 | 698 | 714 | 641 |
| アフリカ | 50 | 47 | 49 | 46 | 47 |
| オセアニア | 17 | 18 | 17 | 11 | 9 |
| 中国 | 245 | 185 | 175 | 172 | 176 |
| ロシア | 53 | 46 | 39 | 46 | 53 |
| 世界合計 | 3,911 | 3,726 | 3,732 | 3,739 | 3,490 |

出所：「Gold Survey 2002」Gold Fields Mineral Services

統的に金の大消費国となっています。

白金は欧州・日本・北米がトップシェアを競っています。特に2001年は欧州の需要が大幅に伸び、北米を抜いて最大の需要地域となりました。これは欧州で自動車排ガス触媒用の白金需要が拡大したためです。

図19　銀の地域別需要(1997～2001年)(単位:トン)

| | 1997年 | 1998年 | 1999年 | 2000年 | 2001年 |
|---|---|---|---|---|---|
| 欧州 | 7,282 | 7,643 | 7,738 | 7,766 | 7,041 |
| 北米 | 5,764 | 6,059 | 6,571 | 6,711 | 5,953 |
| 南米 | 523 | 503 | 468 | 399 | 368 |
| 中東 | 493 | 462 | 452 | 490 | 416 |
| インド亜大陸 | 4,151 | 3,814 | 4,062 | 4,360 | 5,041 |
| 東アジア | 5,928 | 5,161 | 5,663 | 6,425 | 5,878 |
| アフリカ | 56 | 53 | 53 | 54 | 53 |
| オセアニア | 162 | 177 | 181 | 208 | 176 |
| 中国 | 1,003 | 1,055 | 1,030 | 1,047 | 1,129 |
| ロシア | 846 | 789 | 757 | 775 | 804 |
| 世界合計 | 26,207 | 25,716 | 26,975 | 28,235 | 26,859 |

出所：「World Silver Survey 2002」Silver Institute

図20　白金の地域別需要(1997～2001年)(単位:トン)

| | 1997年 | 1998年 | 1999年 | 2000年 | 2001年 |
|---|---|---|---|---|---|
| 欧州 | 27 | 28 | 31 | 36 | 46 |
| 北米 | 59 | 56 | 57 | 44 | 39 |
| 日本 | 39 | 41 | 34 | 38 | 40 |
| その他 | 35 | 42 | 53 | 59 | 66 |
| 世界合計 | 160 | 167 | 174 | 177 | 191 |

出所：「Platinum 2002」Johnson Matthey

# Q12

## 日本の金・銀・白金の輸入量の推移を教えてください

**A　金輸入量は2002年に増加に転じています。
銀と白金は不況を反映し減少傾向です。**

1990年以降、バブル崩壊により宝飾用需要が低下し、金輸入量は減少。ただ、2002年は同年4月からのペイオフ対策として通常の4倍も買われ、半年間ですでに前年輸入量43トンを上回り58.3トンとなっています。銀輸入量は2000年に2,051トンと急増しましたが翌年は3割減、白金も1994年の73トンをピークに減少しています。

図21　金輸入量の推移（1990～2002年6月）

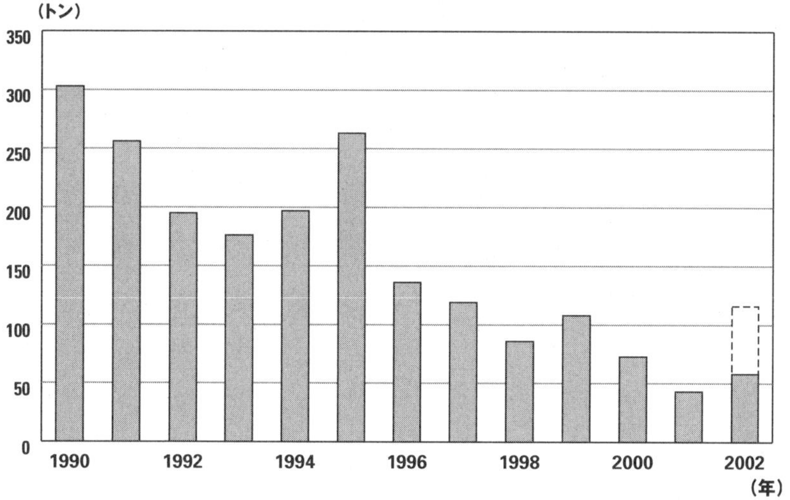


※2002年実線部は1～6月までの実績。破線部は実績を基にした7～12月の予想

出所：財務省関税局

図22　銀輸入量の推移（1990～2002年6月）

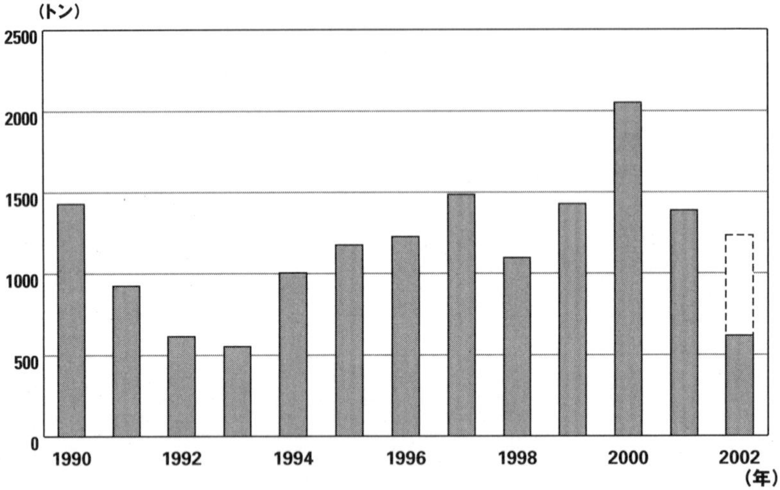


※2002年実線部は1～6月までの実績。破線部は実績を基にした7～12月の予想

出所：財務省関税局

図23　白金輸入量の推移（1990～2002年6月）

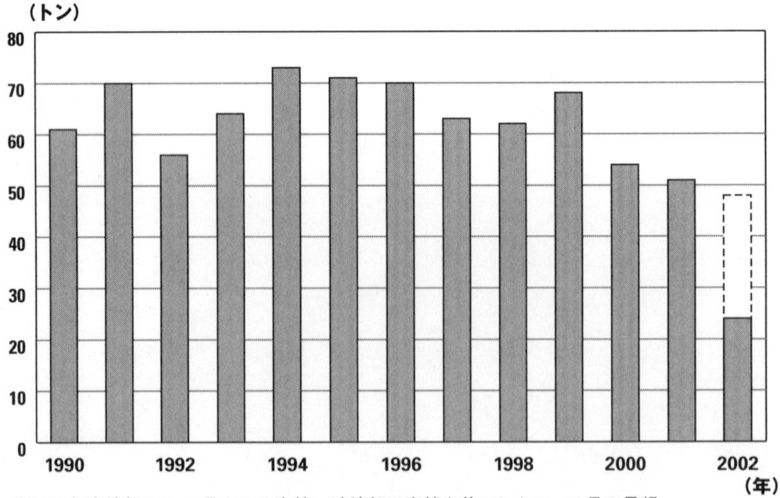


※2002年実線部は1～6月までの実績。破線部は実績を基にした7～12月の予想

出所：財務省関税局

# 金はあと20年で採れなくなるというのは本当ですか？

**A　はい。現在のペースで生産を続ければ最短20年で枯渇します。**

## ■埋蔵鉱量÷生産量＝20年

図24をみてください。貴金属の埋蔵鉱量のデータです。
「埋蔵鉱量」とは、すでに確認されている鉱物資源のうち、経済的に生産されできる部分をいいます。
「埋蔵鉱量ベース」とは、埋蔵鉱量見積りの基となる自然の状態で

図24　貴金属の埋蔵鉱量データ（2002年版）（単位：トン）

| | 年間生産量 | 埋蔵鉱量 | 埋蔵鉱量ベース | 可採年数 |
|---|---|---|---|---|
| 金 | 2,530 | 50,000 | 78,000 | 20 |
| 銀 | 18,300 | 280,000 | 430,000 | 15 |
| 白金族 | 340 | 72,000 | 73,000 | 212 |

出所：「Mineral Commodity Summaries」米国地質学研究所

図25　貴金属の埋蔵鉱量データ（1996年版）（単位：トン）

| | 年間生産量 | 埋蔵鉱量 | 埋蔵鉱量ベース | 可採年数 |
|---|---|---|---|---|
| 金 | 2,200 | 44,000 | 61,000 | 20 |
| 銀 | 14,000 | 280,000 | 420,000 | 20 |
| 白金族 | 230 | 56,000 | 66,000 | 243 |

出所：「Mineral Commodity Summaries」米国地質学研究所

の確認資源量のことで、「埋蔵鉱量」に加え、経済生産ボーダーライン上の鉱物資源、および将来経済的に生産できると予測される鉱物資源を含んだものです。

2002年版の米国地質学研究所の報告では、2001年時点で世界の金の「埋蔵鉱量」は50,000トンです。同年の生産量は2,530トンですから、埋蔵鉱量÷年間生産量＝50,000÷2,530＝19.76となり、可採年数はおよそ20年と計算されます。

一方、銀の埋蔵鉱量は280,000トンで、可採年数は15年、白金族の埋蔵鉱量は72,000トンで可採年数は212年となっています。

### ■実際はもっと長持ちしそう

しかし、本当にあと20年で金がなくなるのかというと、そうとは限りません。

図25は、同じく米国地質学研究所の1996年版の報告です。

金の埋蔵鉱量は1996年の44,000トンに比べ、2002年の報告では6,000トン上乗せされており、生産量が増加しているにもかかわらず可採年数は同じ20年です。白金族についても埋蔵鉱量は増加しています。

埋蔵鉱量が増加する理由は、新たな鉱脈の発見や、技術の進歩によりそれまで採算が取れず採掘できなかった鉱脈からも採掘できるようになったことなどが挙げられます。

今後もさらに埋蔵鉱量が増える可能性は高いと考えられます。

# Q14

# 南アフリカ共和国の金・白金の生産事情を教えてください

**A　金は鉱山の枯渇化が進み、減産が続いています。白金生産は今後さらに増加が見込まれます。**

## ■金生産シェアは67％→15％へ低下

南アフリカで金が発見されたのは1871年です。20世紀に入り、イギリスの人種隔離政策「アパルトヘイト※」の下で確保された安価な黒人労働力を駆使して、金の大増産が図られました。生産は年々増加し、1970年には生産量が年間1,000トンのピークに達し、67％の世界シェアを占めました。その後は有望な鉱山資源の枯渇化、金価格低迷による鉱山会社の経営悪化、アパルトヘイト撤廃後の労働コストの増加等の理由から生産減少が続いています。

2001年は世界金生産量2,600トンのうち、南アの生産は400トン強で、シェアは15％まで低下しています。累積生産量は49,000トンを超え、資源の半分以上を掘り出していますが、残りの埋蔵鉱量ベースは36,000トンで、なお世界全体（78,000トン）の46％を占めており、２位グループの米国、豪州の各6,000トンを大きく上回っています。

※土地所有、居住地、教育など社会生活のあらゆる面において非白人を差別するもの。1994年まで全人口の4分の3を占める黒人には参政権がなかった。

図26　南ア金生産量の推移（1965～2000年）

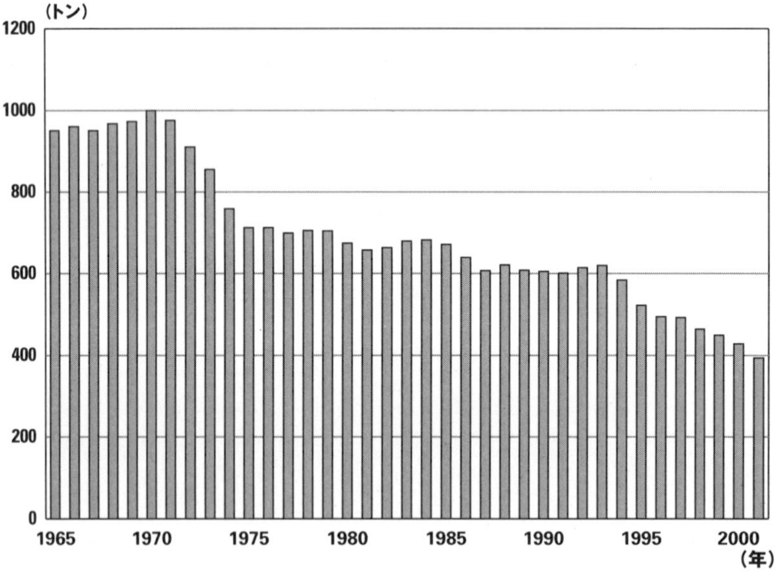


出所：Gold Fields Mineral Services

## ■白金生産は増加傾向

同国で白金が発見されたのは1924年で、1950年代にカナダを抜いて世界最大の白金生産国になりました。その後もシェアを伸ばし、2001年の世界シェアは70％で他を圧倒しています。

2000年５月、南アフリカの大手鉱山会社アングロ・アメリカンは、現状の年間白金生産量62トンを2006年には108.5トンへ拡大する計画を発表し、同国の白金生産が需要の伸びに応じてさらに拡大する見通しを述べています。

図27　南ア白金生産量の推移（1965〜2000年）

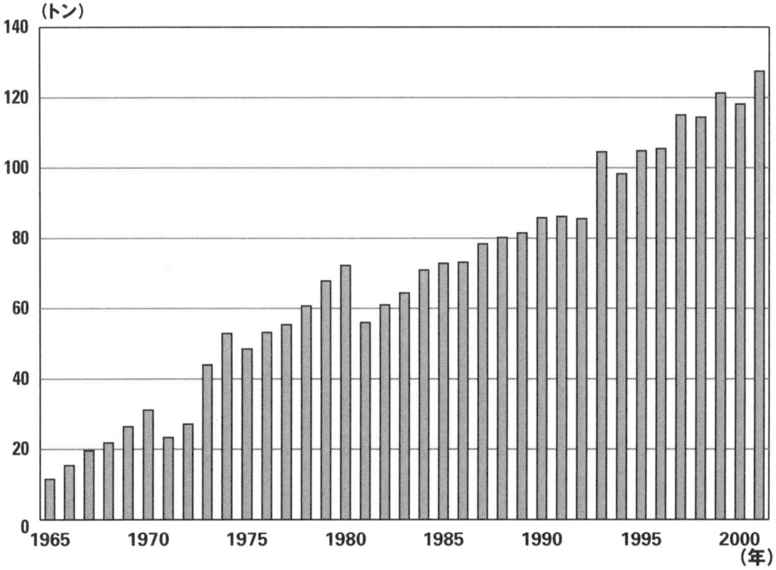


出所：Johnson Matthey

## ■鉱山ストの市況への影響は軽微

白金の供給懸念材料として、南アフリカの鉱山ストが時に注目されてきました。しかし、これまでのところ原石の在庫が豊富にあったため、白金価格への影響はほとんどありませんでした。

また、鉱山労働者がストに突入しても、周辺国からそれを補う形で労働者が流入してくるので、実質的に労働力が不足するということはありません。

# Q15

## 世界の金市場について教えてください

**A　ロンドン、ニューヨーク、東京が3大市場です。**

**世界の金市場は、ロンドン、ニューヨーク、東京が3大市場となっています。**

**ロンドンが現物中心の市場であるのに対して、ニューヨーク（COMEX）と東京（東京工業品取引所）は先物市場という違いはありますが、この3市場が中心的役割を担っています。**

### ■金取引は24時間休みなし

金の取引は時差を追って、世界各国主要都市で行われています。ロンドン、ニューヨーク、東京、香港、チューリッヒが主要市場ですが、シドニー、シンガポール、パリなどでも取引が行なわれています。

### ■ロンドン市場の出来高は１日約650トン

主要市場のなかで、金の現物価格の指標となっているのがロンドン市場（ロコ・ロンドン＝ロンドン渡し市場）です。

ロスチャイルド社の「黄金の間」と呼ばれる部屋で、フィキシン

図28　世界の金市場の取引時間

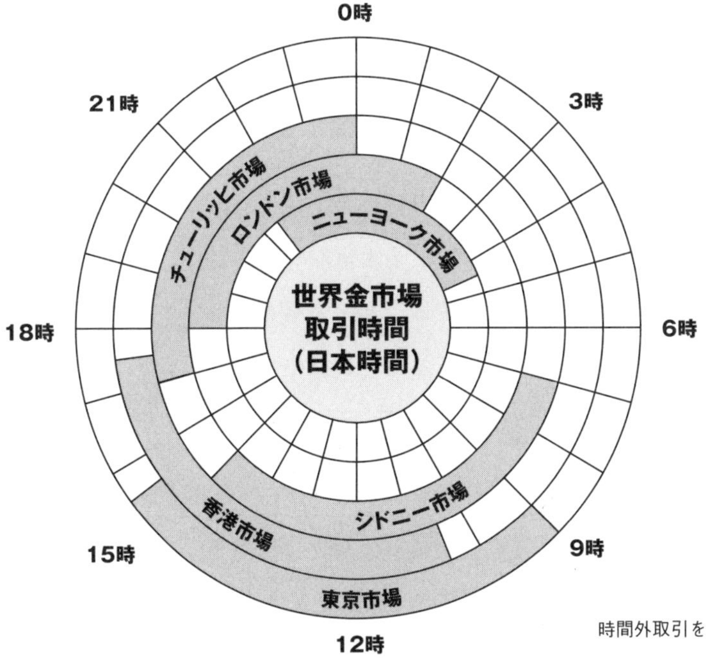


時間外取引を除く

グメンバーと呼ばれる5大貴金属商（2002年8月時点ではロスチャイルド、ドイツ銀行、香港上海銀行、モカッタ、ソシエテゼネラルの5社）代表が集まり、それぞれが持っている売買注文を付き合わせて、毎日2回、午前(10：30)と午後(15：00)に取引価格を決めています。

1919年に開始されたこの値決め方法を「フィキシング(=Fixing)」と呼び、この価格が世界の金市場の指標的な役割を果たしています。

1日の出来高は650トン前後といわれ、他の市場を圧倒しています。

ロンドン渡し取引とは、貴金属の受渡場所をロンドンとする条件での取引で、現在も貴金属現物取引の標準取引となっています。その歴史的背景としては次のことが挙げられます。

1. かつて、ロンドンが世界貿易および金融の中心であったこと
2. イギリスが世界で最初に金本位制を採用したこと
3. 南アがイギリスの植民地であった経緯から、同国で生産される金の販売がロンドンに委託されていたこと

## ■個人投資家も参加できるニューヨークと東京市場

ロンドン、香港、チューリッヒなどはプロトレーダーのための現物市場であり、個人投資家は参加できません。これに対してニューヨークのCOMEXと東京の東京工業品取引所（東工取）は、個人投資家が参加可能な先物市場です。

東工取の規模は、金が上場された1982年3月当初はCOMEXの出来高（重量ベース）の1/500でしたが、徐々に成長を遂げ現在では拮抗するレベルに達しました。

特に2002年2月は、為替が急激に円安に振れたこととペイオフ対策で、東工取に金の買い人気が沸き、288万枚＝2,880トンと上場来の最高出来高を記録し、ついにＮＹ金市場の出来高61万枚＝1,900トンを大きく上回りました。

図29　NYと東京の金出来高比較（2001年1月〜2002年6月）

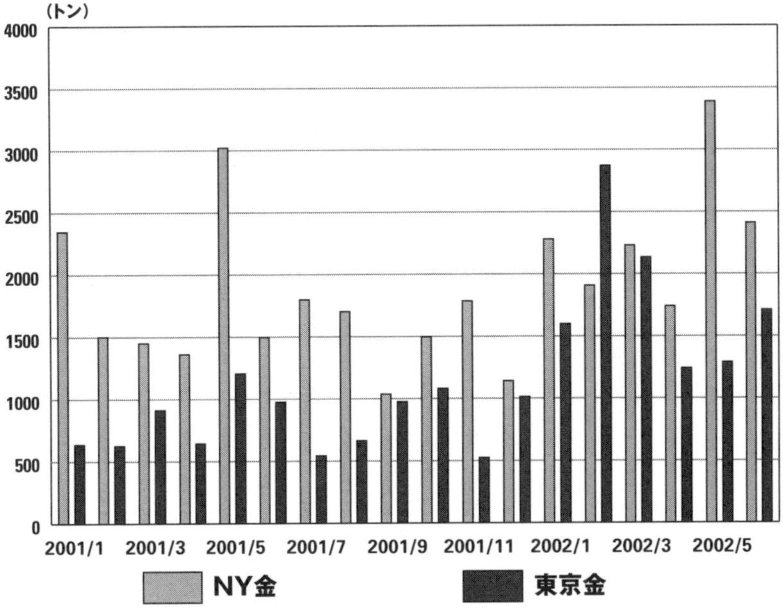

# Q16

## 世界の白金市場について教えてください

**A　東京市場（東工取）とチューリッヒ市場が2大市場です。**

### ■東工取の白金先物はNYの10倍近い規模

東工取に白金が上場されたのは1984年１月です。ニューヨーク市

図30　NYと東京の白金出来高比較（2001年1月〜2002年6月）

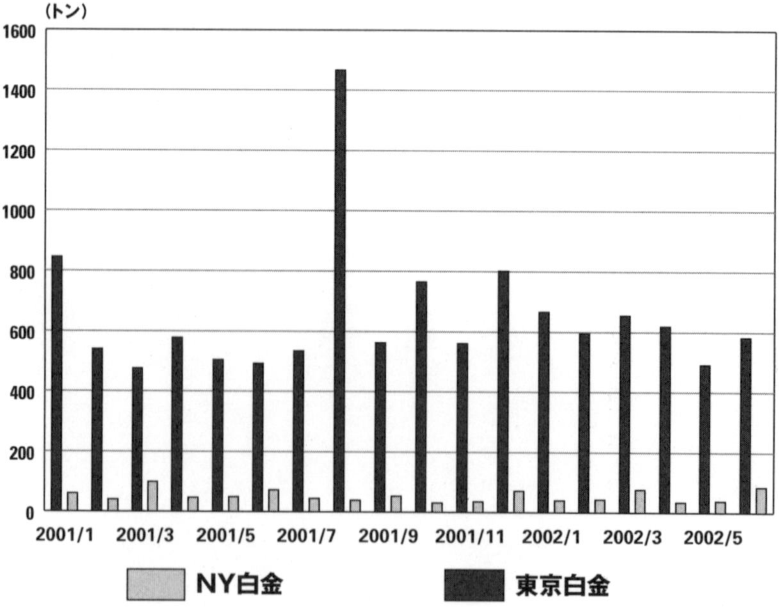

場の白金上場には27年遅れましたが、日本が主要な需要国であること（世界シェア約２割）や、日本人の白金選好性、および価格変動の大きさ（投機妙味の大きさ）を背景にして売買高は急速に拡大しました。1991年ごろにはニューヨークを抜き、世界最大の白金先物市場の地位を確立しています。

図30の通り、東工取の出来高は、今やニューヨーク市場の10倍近い量になっています。

ロシアからの白金族売却が不透明になった1999～2001年には供給不足が世界的に懸念され、東工取でも投機人気が高まり、出来高、取組高が急増しました。

### ■現物市場はチューリッヒが中心

一方、現物取引で最大の白金市場は、チューリッヒです。ここではロンドン金市場と同様に24時間現物取引が行われており、１日の取引量は世界の年間需給規模に匹敵する180トン前後といわれています。

東工取は個人投資家が主体の取引所ですが、チューリッヒ市場はもともとプロの市場で、スイスの銀行やディーラーが主体となってフィキシング（値決め）しています。

# Q17

# 金鉱山会社再編について教えてください

**A　2001年以降、金鉱山会社の買収・合併が相次ぎ、大手5社が抜きん出た存在となりました。**

## ■相次ぐ買収・統合

2001年後半以降、大規模な買収・合併が進み、世界の金鉱山会社の勢力図が一変しました。

2001年12月、金生産世界第２位のバリック社（加）はホームステイク・マイニング社（米）を買収し、それまでトップだったアングロゴールド社（南ア）を抜きました。また、2002年２月には、ニューモント・マイニング社（米）がオーストラリア最大手のノルマンディー・マイニング社とフランコ・ネバダ社（加）の２社を買収し、ニューモント社はバリック社をかわして、世界金鉱山会社のトップに踊り出ました。

図31　金鉱山大手５社の経営規模

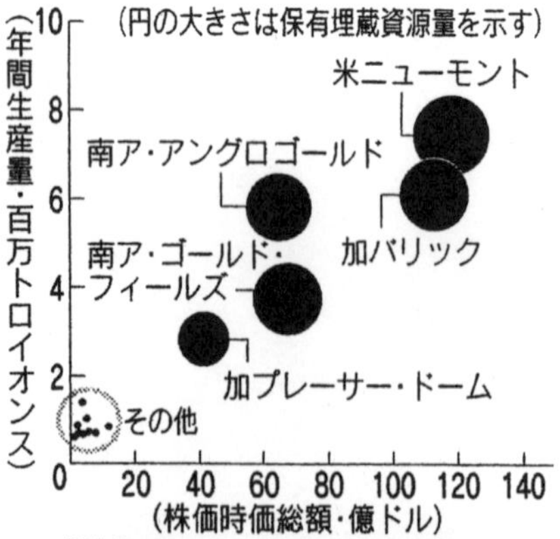


(注)米ニューモント調べ。生産量は2001年、時価総額は2002年5月9日の時点

出所：日本経済新聞2002年6月13日付

図32　金生産会社の買収構図と生産高順位の変化

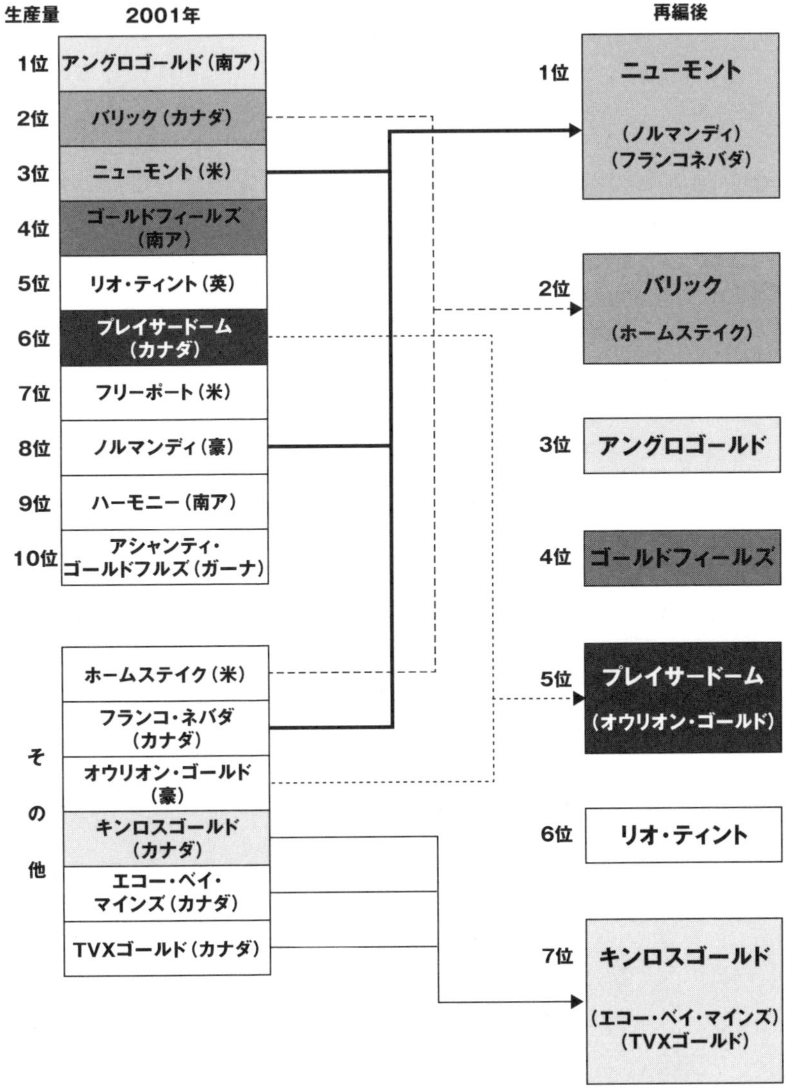


出所：「Gold Survey 2002」Gold Fields Mineral Services

このほかにも、キンロス・ゴールド社（加)、プレイサー・ドーム社（加）が他社買収に乗り出し、金鉱山会社の産金量順位は目まぐるしく変化しています。

## ■大規模再編の背景は「金価格の低迷」

急速に進む金鉱山大手の再編の背景には、「金価格の低迷」がありました。

国際金価格は1990年代に低迷を続け、一時は生産コストぎりぎりのレベルまで落ち込みました。そのような状況下では、金鉱山会社の経営にとって、業界再編によるコスト削減は不可避だったと考えられます。ニューモント社は合併により年間8,000～9,000万ドルのコストを削減したと報じられています。

2001～2002年の大型再編により、この業界では大手５社が抜きん出た存在となりました。

大手企業にとって産金量のコントロールが容易になることで、金価格が徐々に下方硬直的になる可能性があります。

# Q18

# 公的機関の金保有について教えてください

## A　2002年3月現在、中央銀行および国際機関の金保有量合計は33,000トン弱です。

### ■国際機関の金保有量は1990年代から減少

中央銀行およびＩＭＦなどの国際機関の金保有量合計は、1960～1980年代は35,000トン以上で推移し、1990年代からは減少に転じました。減少の主な背景は、欧州の中央銀行の金売却によるものです。2002年3月末時点では32,700トンとなっています。

図33　公的保有金売却実績（1991～2000年）（単位：トン）

| | | |
|---|---|---|
| **ベルギー** | 900 | （1992年　200　　1995～2000年　700） |
| **オランダ** | 800 | （1993年　350　　1997～2000年　450） |
| **カナダ** | 422 | （1980年代売却開始） |
| **イギリス** | 225 | （1999年売却開始　計415　予定） |
| **スイス** | 171 | （2000年売却開始　計1,295　予定） |
| **オーストラリア** | 167 | （1997年） |
| **アルゼンチン** | 124 | （1997年） |
| **合計** | **2,809** | |

出所：「International Financial Statistics」IMFなどより作成

図34　公的部門金保有量の推移（1950～2000年）（単位：トン）

| | 1950年 | 1960年 | 1970年 | 1980年 | 1990年 | 1995年 | 2000年 |
|---|---|---|---|---|---|---|---|
| アメリカ | 20,279 | 15,822 | 9,839 | 8,221 | 8,146 | 8,140 | 8,137 |
| カナダ | 515 | 787 | 703 | 653 | 459 | 106 | 37 |
| オーストラリア | — | — | 212 | 247 | 247 | 246 | 80 |
| 日本 | 6 | 220 | 473 | 754 | 754 | 754 | 764 |
| ECB | — | — | — | — | — | — | 747 |
| ドイツ | — | 2,640 | 3,536 | 2,960 | 2,960 | 2,960 | 3,469 |
| フランス | 588 | 1,458 | 3,139 | 2,546 | 2,546 | 2,546 | 3,025 |
| イタリア | 227 | 1,958 | 2,565 | 2,074 | 2,074 | 2,074 | 2,452 |
| オランダ | 280 | 1,290 | 1,588 | 1,367 | 1,367 | 1,081 | 912 |
| ベルギー | 522 | 1,040 | 1,307 | 1,063 | 940 | 639 | 258 |
| その他 | 304 | 1,028 | 2,023 | 1,976 | 1,802 | 1,538 | 1,697 |
| Euroエリア計 | 1,921 | 9,414 | 14,158 | 11,986 | 11,689 | 10,838 | 12,560 |
| イギリス | 2,543 | 2,488 | 1,199 | 586 | 589 | 573 | 487 |
| スイス | 1,306 | 1,942 | 2,427 | 2,589 | 2,590 | 2,590 | 2,420 |
| その他欧州 | 153 | 274 | 257 | 279 | 279 | 236 | 291 |
| 先進国計 | 26,749 | 30,947 | 29,269 | 25,315 | 24,752 | 23,482 | 24,774 |
| IMF | 1,328 | 2,165 | 3,856 | 3,217 | 3,217 | 3,217 | 3,217 |
| EMI | — | — | — | 2,663 | 2,910 | 2,913 | — |
| BIS | — | — | — | 235 | 243 | 227 | 204 |
| 国際機関計 | 1,328 | 2,165 | 3,856 | 6,115 | 6,370 | 6,357 | 3,421 |
| 先進国計 | 26,749 | 30,947 | 29,269 | 25,315 | 24,752 | 23,482 | 24,774 |
| 途上国計 | 2,830 | 2,645 | 3,392 | 4,411 | 4,472 | 4,731 | 4,793 |
| 国際機関計 | 1,328 | 2,165 | 3,856 | 6,115 | 6,370 | 6,357 | 3,421 |
| 世界計 | 30,907 | 35,757 | 36,517 | 35,841 | 35,594 | 34,570 | 32,988 |

出所：「International Financial Statistics」IMF

### ■常に売り手とは限らない中央銀行

1950～1966年は、米国が大きく保有量を減少させたにもかかわらず、中央銀行全体としては30,907トンから38,261トンへと保有量を24％増加させています。

1990年代からの中央銀行は、重要な金供給の担い手として注目されてきましたが、今後、米ドルへの信頼が一層低下すれば、中央銀行が再び買いポジションに転換しないとも限りません。

# Q19

## ニクソンショックについて教えてください

**A　1971年、ニクソン大統領が金と米ドルの兌換(だかん)停止を発表して生じた国際通貨システムの混乱です。**

**ニクソンショックとは、1971年8月、米国のニクソン大統領が、金と米ドルの兌換(だかん)停止を発表して生じた、国際通貨システムの混乱を指します。**

### ■戦後世界唯一の兌換通貨だった米ドル

19世紀、英国の覇権下で成立した金本位制は、第一次世界大戦後の1919年に英国が離脱し、世界恐慌のさなか1933年3月に米国が停止したことでいったん崩壊しました。

第二次世界大戦末期の1944年、1トロイオンス＝US＄35で金と兌換できる（兌換＝紙幣を金貨などの正貨と引き換えること）、米ドルをかなめとした主要国通貨間の為替レートの取り決めが成立し、戦後の新しい国際通貨システム「IMF体制＝ブレトン・ウッズ体制」が構築されました。この背景には、第二次世界大戦時に欧州各国が米国から軍需物資を金で購入したことで米国に金が集中し、同大戦終了時には約18,000トンもの公的保有を築いていたという事情があります。

## ■米国の対外債務膨張

米国の金保有は1949年、21,707トンでピークを迎え、その後1957年までほぼ横ばいを保った後、1958年からは猛スピードで減り始めました。その理由としては、一般物価の上昇に加え、米国が戦後の欧州・日本の復興を支援するために輸入を増やしたり、朝鮮戦争・ベトナム戦争へ参戦したりしたことにより米ドルを世界中にばらまいたことにあります。

ベトナム戦争が泥沼の様相を呈してきた1960年代の後半からは、徐々に米ドルの信用が低下し、他国の中央銀行がドルから金への兌換を促進したため、1970年に米国の金準備高は10,000トンを割り込みました。

## ■ロンドンでは1968年から金が二重価格

米国の金準備高減少は、ロンドン市場を舞台に展開されました。

1960年代前半は、米国を中心に英・仏・スイスなど８カ国が金をイングランド銀行に預託して、不足分の金を市場に放出することで金の平価を維持していました。しかし、1967年末に英ポンドが切り下げられたことをきっかけに民間の金需要はさらに過熱し、預託分からの金放出だけではまかないきれず、次第にロンドン市場価格は公定価格からかい離し、最高で42～43ドルにも達するようになりました。

このような金価格の二重価格への移行は、３年後のニクソンショックをもたらす要因になりました。

## ■米国は現在も最大の金保有国

兌換停止で米国が守ろうとしたのは米ドルではなく、「金の保有高」でした。

「究極的な支払い手段」である金の最大の保有国であり続けることが、同国の覇権維持に不可欠だからです。現在、米国の金保有高は8,000トンあまりで他国を大きく上回っています。

# Q20

## ワシントン合意とは何ですか?

**A　1999年9月、欧州中央銀行が金価格下落を防ぐために結んだ「金の売却や貸し出しを制限する」合意です。**

### ■欧州中央銀行の金売却の背景

金の最大の保有者は、世界各国の公的機関です。2001年3月時点で32,700トン保有しています。

1990年代に入って東西冷戦が終結し、IT革命をリードした米国に長期にわたる好景気が到来しました。軍事的緊張が緩和され、インフレも沈静化していたことから、欧州の中央銀行(特にベルギーとオランダ)は、投資リターンの高い米国債での運用を増やすために、金の売却、もしくは貸し出しにより、金を大量に市場に供給しました。またその背景には、欧州通貨統合を控えた公的債務減らしという目的もありました。

こうした中央銀行の金に対する姿勢は、ファンドの金に対する相場観を過度に弱気にさせました。市場では、中央銀行から低利で金を借り受け、先物市場で売りつないで、値下がり益を狙う「金キャリートレード」手法が流行し、結果としてさらに金価格を押し下げることになりました。

## ■1999年9月、合意成立

しかし、1999年に入って金価格が1トロイオンス260ドルを割りこんでくると、行き過ぎた金価格の下落が中央銀行の資産を大いに目減りさせていることへの危機感が深まりました。

1999年9月26日、欧州中央銀行(ECB)、ユーロシステム(ESCB：欧州中央銀行制度）加盟11カ国の中央銀行と、スウェーデン、スイスおよび英国の中央銀行は、金準備高に対する方針を明確にするため、ワシントンでのIMF（国際通貨基金）総会で、「金の売却と貸出しに関する合意」（＝通称「ワシントン合意」）を結び、以下の3点を申し合わせました。

1）金は引き続き外貨準備において重要である
2）合意した15行は、決定済の売却を除き、市場に売り手として参加しない
3）決定済の金売却は今後5年間、協調的に行い、年間の売却量は400トン以下、5年間の合計売却量は2,000トンを超えない

このワシントン合意には、上記15行の署名国以外に、米国、日本、IMF、BISも同意しました。

署名国とこれらの同意国を合わせると、全世界の中央銀行保有金の約85％がこの制限に加わることになるわけです。したがって、これまで最大の弱材料であった「中央銀行の大量売却懸念」は一挙に薄れました。

図35　NY金先物期近価格の推移（1999年1月～2000年1月）

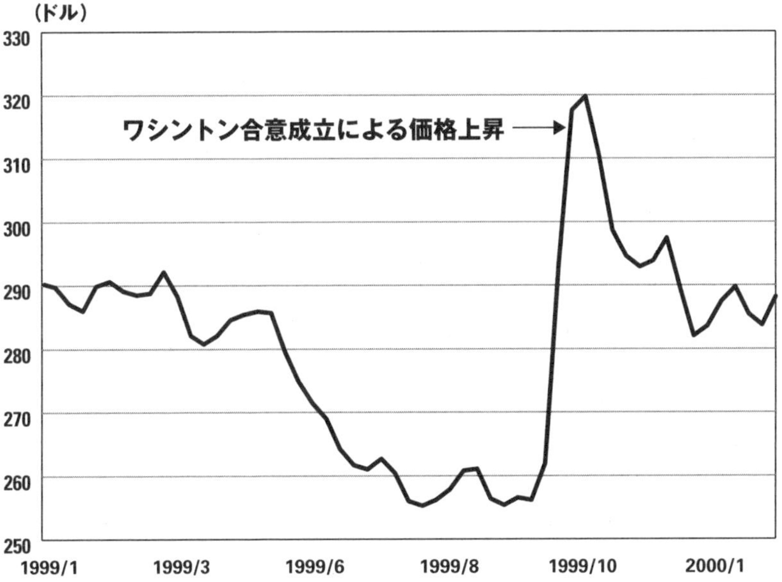


その直後から、ファンドは一斉に金の買い戻しに走り、金価格は3週間で255ドルから320ドルまで急騰しました。

## ■2004年以降も継続見通し

「ワシントン合意」は、結果的に金売却の管理手法として適切であったとの評価を得ています。したがって、現在の合意が期限を迎える2004年以降も延長される可能性が高いと予想されています。

合意が延長されれば、金価格には引き続きサポート材料となるでしょう。

# Q21

## 日本は昔、本当に「黄金の国＝ジパング」だったのですか？

**A　残念ながら誇張です。奈良、平安、鎌倉時代の日本の推定産金シェアは２～３％です。**

**奈良、平安、鎌倉時代の日本の金生産量は年平均50kgと推定されており、当時の世界の産金量の２～３％に過ぎません。有史来日本の金の推定産出量は1,700トン強で、世界シェア１％強にとどまります。**

### ■わが国最初の産金地は「宮城県涌谷町黄金沢」

『続日本紀』には、749年（天平21年）「陸奥初めて黄金を貢す」との記述があり、日本での産金が歴史上初めて登場しています。この時代に建立された奈良東大寺の大仏には、陸奥小田郡産出の金も使われました。「陸奥小田郡」とは現在の宮城県涌谷町黄金沢です。

13世紀末にイタリア人のマルコポーロが口述し、物語作家ルスティケッロがまとめた『マルコポーロの大旅行記（東方見聞録）』には、「ジパング国王の宮殿は純金の屋根でできており、床はすべて指２本分以上の厚みの純金が敷き詰められている」と書かれています。これは、かつて平安時代末期に栄華を誇った奥州平泉（岩手県）藤原氏が建立した中尊寺金色堂のことを述べたものと解釈されています。金（砂金）は奥州藤原氏の経済基盤のひとつで、東北地方では年間100kg前後の砂金が採れた時期もあったようです。

『貴金属のおはなし』（田中貴金属工業編）によれば、奈良、平安、鎌倉時代の約630年間で採れた金は約30トンとされ、年間平均では約48kgです。当時の世界の年間金生産量は２～３トンでしたから、そのシェアは２～３％に過ぎません。

## ■有史以来では1,700トン強の産出

わが国のその後の産金量は、室町～安土桃山時代225トン、江戸時代100トン、明治以降1,370トンと推定されていますので、合計1,725トンを生産したことになります。世界全体の有史以来産金量14万トン強（＝50mプール３杯分）の1.2％を占めるに過ぎず、トップの南アフリカ共和国の５万トン弱と比べると、30分の１です。

## ■1,400兆円の個人金融資産≒1人あたり千両箱1つ

2002年の日本の個人金融資産は、およそ1,400兆円に上ります。これは人口１人あたり約1,100万円で、元禄小判（１枚17.9g、金含有率57％）の千両箱１つを持っていることになります。その意味では現在の日本こそ、まさに「黄金の国ジパング」といえるかもしれません。

# Q22

## カリフォルニアの<br>ゴールドラッシュについて教えてください

**A　1848年にサクラメント近くの川で砂金が採れたことがきっかけの、「黄金探し」の世界的ブームです。**

**有名なカリフォルニアの「ゴールドラッシュ」とは、1848年にサクラメント近くの川で砂金が採れたことを契機に起きた「黄金探し」の世界的ブームのことをいいます。**

### ■はじめは1日1オンス以上採れた金

1848年1月24日、サッター農場の大工ジェームズ・マーシャル氏は、サクラメント近くの製材所で放水路を点検中、アメリカ川の川底で豆粒大の砂金を見つけました。彼らは農場経営を優先するために、金が採れた事を秘密にしようとしますが、この話は口コミで広がり、翌年1849年には全国的な金フィーバーが沸き起こります。

ジェームズ・マーシャル氏

出所：PBS（http://www.pbs.org）

当時の米国はカリフォルニア州を併合したばかりで、サンフランシスコは人口数百人の辺境の村に過ぎなかったのですが、「1年働けば、一生楽ができる」と信じる若者が世界中から押し寄せ、数年

出所：PBS（http://www.pbs.org）

後に人口は10万人以上に膨れ上がりました。1849年に「一攫千金」を夢見てこの地を目指した若者が多かったことから、彼らは「フォーティー・ナイナーズ(49年組)」と呼ばれました。はじめは面白いように金が採れ、1日1オンス以上、20～30ドルほどの金が採れたようです。当時、東部で日給が1ドルの時代ですから、現在の日給でいえば20～30万円といった感覚でしょう。

## ■大儲けした人は「自分では掘らなかった人」

しかし皮肉なことに大儲けした人は、自分では金を掘らなかった人々でした。最も大金を手にしたのはサム・ブラナン氏で、採掘用シャベルを一手に販売して大成功し、最後には自分の通貨を発行するまでに至りました。また採金作業のための丈夫な作業着を考案して発売したのが、レビ・ストラウス氏で、そのブランド「リーバイス」はジーンズのトップブランドとなりました。採金者を相手に金融業を営んだウェルズ氏とファーゴ氏は、後のウェルズ・ファーゴ銀行の基礎を築きます。

1849年の半ばには、金はそれほど容易に採れなくなっていましたが、それでも人々は流入し続け、そのほとんどは大金を手にすることができませんでした。彼らをお客としてビジネスを展開した人々が成功したのです。

## ■南北戦争の原因の一つもゴールドラッシュから

南部の人々は、黒人奴隷を連れてきて、彼らに金を掘らせました。一方北部の人々は、自分たちが南部の奴隷と並んで金を掘ることに屈辱感を感じ、南部出身者との対立を深めました。このことは後の南北戦争（1861～65年）の原因の一つになったといわれています。

## ■最後は「環境破壊」

世界の産金量は1840年代には年間50トン前後でしたが、1850年代には同平均200トンに達しました。これにはカリフォルニアやオーストラリアでの金脈発見が大いに貢献しています。

しかしその代償は「環境破壊」でした。川底をシャベルで掘る方法では金が採れなくなってきたため、1850年代の初めには60メートル先の人間を殺傷できるほどの強力な水鉄砲で川底の岩をえぐる方法で金を採掘し始めました。

結果、その地の景色は変貌してしまい、この方法は30年後に禁止されました。

出所：PBS（http://www.pbs.org）

# 都市鉱山(アーバン・マイン)とは何ですか?

## A　スクラップから貴金属をリサイクル回収することです。

### ■需給バランスに不可欠なリサイクル

「都市鉱山（アーバン・マイン)」とは、スクラップから回収される貴金属供給の一部のことです。

金は宝飾品、金歯、電子部品等さまざまなものから回収され、その量は2001年世界全体で700トンを超え、供給全体の約18％を占めています。銀は写真フィルムや銀食器からの回収が主体で、その量は5,700トン（2001年）にのぼり、供給全体の約20％です。白金は自動車排ガス触媒からの回収が主体で、供給全体の約８％（2001年）を占めます。

都市鉱山はいずれも供給の重要な一角を占めており、これがなければ需給バランスが取れなくなります。

### ■携帯電話からも、貴金属を回収

廃棄された携帯電話も「都市鉱山」の一部です。携帯電話１台から回収される貴金属の量は金0.01～0.02ｇ、銀0.3ｇ、白金0.01ｇ程度といわれています。

図36　世界の金の供給（2001年）
3,868トン

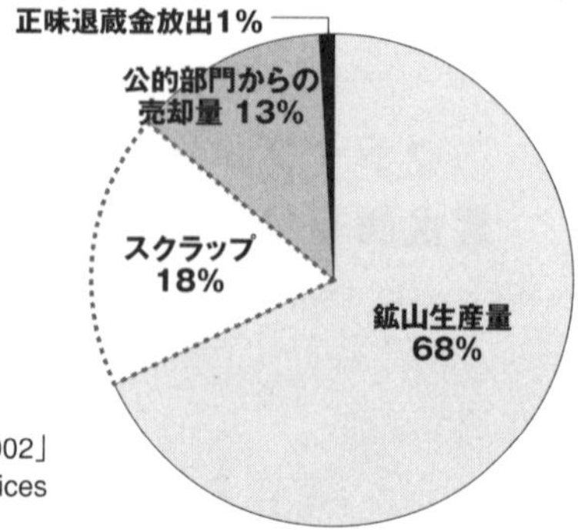


出所：「Gold Survey 2002」
Gold Fields Mineral Services

図37　世界の銀の供給（2001年）
27,381トン

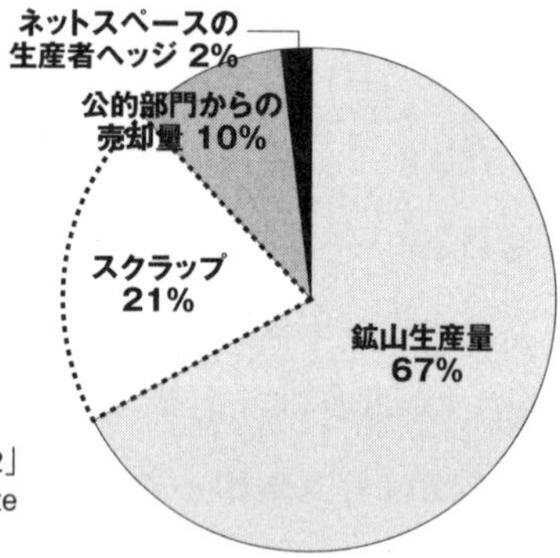


出所：「World Silver Survey 2002」
Silver Institute

図38　世界の白金の供給（2001年）
188トン

※供給は鉱山生産量のみの数値、
合算値は205トン

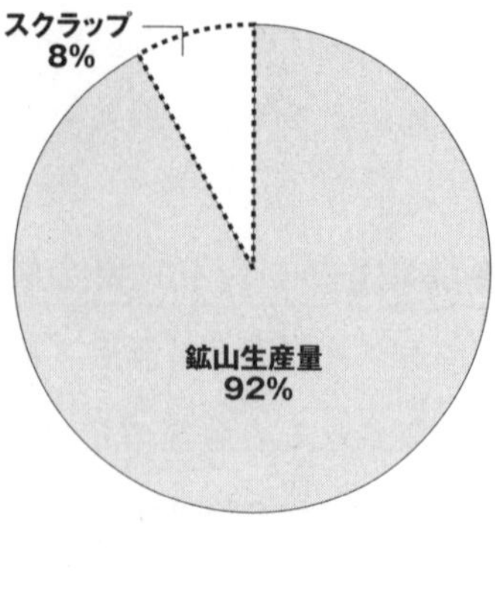


出所：「Platinum 2002」
Johnson Matthey

# Part2
# トレードベーシック編

## Part2「トレードベーシック編」について

Part 2は「トレードベーシック編」として、初めて貴金属先物を取引される投資家を対象に、先物取引のしくみと、貴金属の需給見通しを中心に20問を設定しました。貴金属の主な価格変動要因についても、解説を加えています。

今後、金価格が本格的に高騰するためには、資源枯渇に伴う生産コストの上昇が必要だと思われます（「Q36 金の生産コストは1トロイオンスあたり何ドルですか？」参照）。

# 金・銀・白金の価格推移を教えてください

## A　1980年ごろに大暴騰し史上最高値をつけたあと、円建てでは、約20年間低迷が続きました。

### ■暴騰→反落→低迷→底入れ

金が自由市場のみで取引されるようになったのは、1971年８月のニクソンショック以降。それ以前は、１トロイオンス＝35ドルの公定価格が存在していました（**「Q19 ニクソンショックについて教えてください」参照**）。それ以降の時期は、次の６つに区分できます。

①1980年に円建て金価格は、1g＝6,495円の史上最高値を記録しました。その背景は第二次オイルショックというインフレ圧力と、ソ連のアフガン侵攻による軍事緊張の高まりでした。同時

図39　金価格の推移（1974～2002年6月）

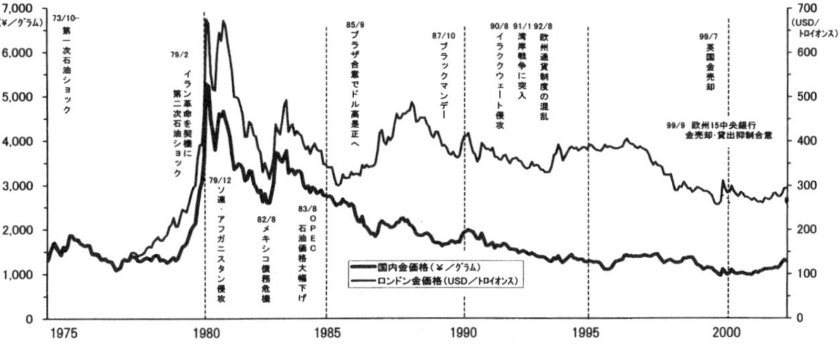


出所：「Summer Special Report 2002」商品市況研究所

期、ＮＹ先物市場でも１トロイオンス＝887.5ドルを記録しました。

②1980年前半は、産金国による増産に加えて、「高金利」、「ドル高」のインフレ抑制策によって反落局面を迎え、2,000円台の後半まで値下がりしました。

③1985年、「プラザ合意」でドル高が是正され、これを好感してＮＹ金は上昇しましたが、国内金価格は円高が下落要因となり、2,000円を割り込みました。

④1990年の湾岸危機で一時買われたものの、ソ連を始めとする社会主義国の経済体制崩壊で、米国一極時代の到来が叫ばれ、金利のつかない金はドル建てで横ばい、円建てでは円高の進行でさらに下落基調をたどりました。

⑤1995年から為替トレンドが円高から円安へ転換し、国内金価格はやや堅調に推移したものの、中央銀行による金売却により、海外市場は下落を続け、1999年7月20日には1トロイオンス253.2ドルの安値を記録しました。日本でも1999年9月16日に東工取で上場来最安値836円を記録しました。

⑥1999年9月末、欧州15行による金の売却制限が合意（ワシントン合意）されたことに加え、金鉱山業界の再編が進み、鉱山会社の売りヘッジが縮小したことで、金価格は堅調さを回復し、2001年3月以降は1,000円台に戻りました。海外市場も300ドル台を回復しています。

## ■金、銀、白金は長期でみれば、ほぼ同じ値動き

銀、白金についても、長期でみれば、おおむね金と同様の値動きをしています。図40は、国内の金、銀、白金価格の高値からの下落率と、その後の上昇率です。

図40　金、銀、白金の下落率と上昇率

| | | | |
|---|---|---|---|
| **金** | **6,495円（1980年1月）** | → **836円（1999年9月）－87%** | → **1,220円（2002年6月）＋46%** |
| **銀** | **3,668.7円（1980年1月）** | → **133.2円（1995年3月）－96%** | → **184.5円（2002年6月）＋39%** |
| **白金** | **8,240円（1980年3月）** | → **1,128円（1999年9月）－86%** | → **1,988円（2002年6月）＋76%** |

※金、白金は円／gで表記。銀は円／10g

図41　銀、白金価格の推移（1979～2002年）

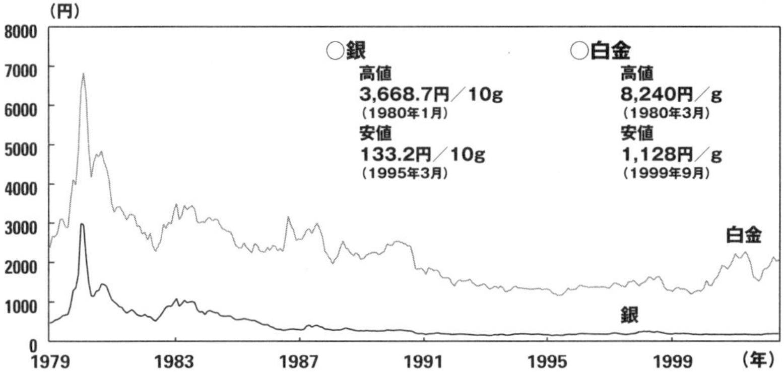


※銀は円／10gで表記

# Q25

## 金投資にはどんな種類がありますか?

**A　金地金(現物)のほか、先物、金鉱山株ファンドなどさまざまな種類があります。**

図42　金投資の種類

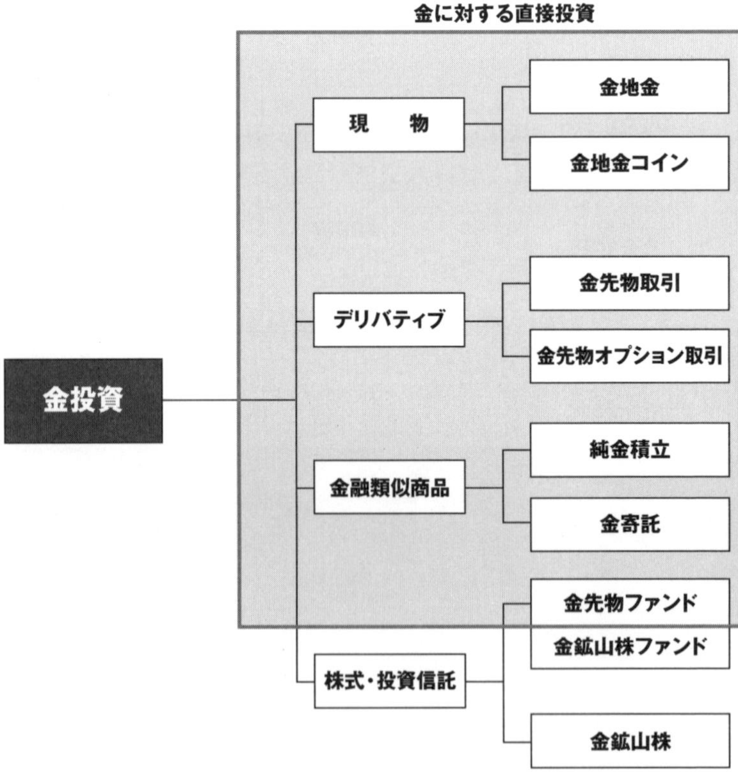

## ■自己の投資スタイルに合うものを選ぶ

金地金への投資手段・商品は、図42の通りさまざまです。

金への直接投資の場合、その共通の狙いは金の値上がり益の確保にあります。ただし手法・商品によりリスク、投資効率、取り扱い会社、必要資金などが大きく異なってきます。各手段、商品の特性を正しく理解したうえで、自己の投資スタイルにはどの手法、商品がふさわしいかを選択することが重要です。

間接投資としては、金鉱山会社の株式やそのファンドを買うという手法もあります。

図43　各投資のあらまし

| | 説明 | 最小単位 | 最小投資額 | 金利・配当 | 購入先 |
|---|---|---|---|---|---|
| **金地金** | 地金バーの購入 | 1枚（5グラム） | 約8000円（※ | なし | 金地金メーカー・銀行・百貨店など |
| **金地金コイン** | コイン型地金の購入 | 1枚（1/10オンス） | 約8000円（※ | なし | 金地金メーカー・銀行・百貨店など |
| **純金積立** | 毎月同金額の地金を購入 | 1口 | 3000円 | なし | 地金メーカー・銀行・商品取引員など |
| **金寄託** | 預けた金をリースする | 1kg | 120万円（※ | 金利 | 商品取引員 |
| **金鉱山株** | 金鉱山会社の米国株式購入 | 1口（100株） | 約28万円（＊ | 配当 | 証券会社 |
| **投資信託** | 金鉱山株ファンド | 1口 | 約1万円 | 配当 | 証券会社 |
| | 金先物ファンド | 1口 | 10万円 | 配当 | 商品取引員 |
| **先物** | 東工取 | 1枚（1kg） | 6万円（※ | なし | 商品取引員 |
| | COMEX（NY） | 1枚（100TOZ） | 約1,350ドル | なし | 商品取引員(海外) |
| **オプション** | COMEX（NY） | 1枚 | 約1,350ドル | なし | 商品取引員(海外) |

※金１ｇ＝1,200円で計算。2002年6月末現在
＊１株＝22ドル、１ドル＝120円で計算。2002年8月5日現在、Anglo Gold社＝22ドル

# Q26

## 現物取引と先物取引の違いは何ですか？

**A 「いつ受渡しをするのか」という点が最大の相違点です。**

**現物取引と先物取引の違いは「いつ受渡しをするのか」という点が最大の相違点です。また、それに派生して「空売りが可能かどうか」と「レバレッジの有無」という違いがあり、ダイナミックな先物取引の骨格となっています。**

### ■「今」なのか「将来」なのか

現物取引でも先物取引でも、受渡しの対象となるのは、同じ品質(純金)の地金です。両者の最大の違いは、代金を支払って商品(金地金)を受け取るのが、現在なのか、将来なのかという時間の差にあります。

現物の場合は、原則として代金支払い時に、金地金現物を受け取ります。一方先物取引では、金地金の受渡し期日が「将来の一定期日」(金先物の場合、当月末から1年先まで、2カ月ごとに6つの期日があります)と定められています。期日までの間、毎日価格は変動しますから、安いところで買い、高いところで売れば、その価格差が利益として得られるしくみです。

## ■「空売り」ができるので価格下落でも利益を得ることが可能

現物取引は、商品（金地金）と引き換えに取引を行うため、売りたい商品（金地金）が手元になければ、売ることはできません。

一方、先物取引では、手元に商品（金地金）がなくても、先に売る約束をして、後に買い戻す取引、すなわち「空売り（＝ショート）」ができるという大きな違いがあります。

なぜ空売りができるのかといえば、先物取引は将来の一定期日で受渡すことを約束する取引であるため、期日までに商品（金地金）を用意するか、「買い戻す」ことで取引が成立するのです。金・銀・白金先物は毎日大量に取引されていますから、いつでも売ることも、買い戻すこともできます。

## ■「レバレッジ」により「勝負」が大きくなる

先物を取引するには、商品代金の全額を用意する必要がありません。一般に「委託証拠金」と呼ばれている、「ある程度の価格変動に備えた保証金」を預ければ取引ができます。

たとえば、金先物価格が１gあたり1,200円の場合、１枚（売買単位）は１kgですから、１枚の商品代金は

1,200円×1000 g ＝120万円

となりますが、それに要する委託証拠金は最低６万円となっています（2002年８月現在）。この場合、委託証拠金の商品代金に占める割合は６万円÷120万円＝５％です。つまり、金地金１kgの商品代

金（120万円）で、最大20kg（20倍）の先物取引ができるわけです。

先物取引では、この倍率をレバレッジ（てこ）と呼び、「小さい金額で大きな金額の商品を売買できる」ことを意味します。倍率が高ければ高いほどハイリスク・ハイリターンになります。商品価格の変動率にレバレッジ倍率を掛けたものが、取引する人にとっての損益率です。たとえばレバレッジ20倍で、商品価格が５％変動した場合の損益率は、20×５＝100％に達します。

レバレッジの大きさは、投資家自身が決定できるという点で、自動車にたとえれば「アクセルの踏み具合」に相当します。自己責任の下、自信に応じて「適度なリスク」に挑戦できることが、先物取引の魅力です。

金を、先物市場と地金メーカーで、それぞれ売買した場合の違いを図44にまとめました。

## ■先物市場で買えば少し割安

貴金属の地金を購入したい場合、通常は地金商の店頭などで購入することになりますが、先物市場でも現物の受渡しをすることによって貴金属地金を手に入れることができます。実は、その方が若干割安で地金を購入できるのです。

**（詳細は「Q27 金現物より金先物の方が価格が安いというのは本当ですか？」参照）**

図44　金の先物取引と地金取引の違い

| 相違点 | 金　先物取引 | 金　地金取引 |
|---|---|---|
| レバレッジ | 20倍前後 | 1倍 |
| 取引開始時の売買 | 売り・買い | 買い |
| 取引金額 | 東工取での約定価格<br>（取引単位は 1 kg） | ○買い<br>小売価格（税抜）×重量＋税など<br>○売り<br>買取価格（税込）×重量－税など<br><br>（取引単位なし） |
| 消費税 | ○現物受渡し<br>手数料、および受渡代金に応じて負担<br><br>○差金決済（転売・買戻し）<br>手数料に応じて負担 | ○買い<br>小売価格に応じて負担<br><br>○売り<br>買取価格に応じて受け取り |
| 地金の品質 | 東工取規定の受渡供用品<br>（事前鑑定あり）※ | 地金をその場で検査し、大きな傷があれば「地金再生価格」が適用される |
| 支払方法 | 現金・有価証券・倉荷証券 | 現金・銀行保証小切手 |

※詳しくは「Q31 金・銀・白金の現物受渡しの手順を教えてください」参照

# Q27

## 金の現物よりも金先物の方が価格が安いというのは本当ですか？

**A　先物価格が若干割安です。
1kg購入の場合、3～4万円程度安くなります。**

### ■金先物は「3％」安い

図45は、金地金1kgを東工取と地金メーカーで購入した場合のコストの差を示したものです。

図をみてわかるように、東工取で購入した方が1kgあたり3～4万円（3％程度）安くなっています。

金先物取引には、当限（現物の受渡し月が一番近い限月）から先限（現物の受渡し月が一番遠い限月）まで、6つの限月（受渡し月）ごとに決められた価格があります。

ただし、先物市場を通じて入手できる金地金は、取引所指定の銘柄（2002年7月現在、国内外37銘柄）のいずれかとなり、好みのブランドを選ぶことはできません。

詳しい現物の受渡しの内容については、「**Q31 金・銀・白金の現物受渡しの手順を教えてください**」を参照してください。

図45　金地金1kgを購入する場合のコスト比較（単位：円）

| 相違点 | 東工取当限 | 東工取先限 | 地金メーカー |
|---|---|---|---|
| 受渡代金（1kg） | 1,208,000 | 1,201,000 | 1,315,000 |
| 手数料※1 | 10,700 | 10,700 | — |
| 消費税※2 | 60,935 | 60,585 | — |
| 合計 | 1,279,635 | 1,272,285 | 1,315,000 |
| 地金商との差額 | -35,365 | -42,715 | — |

**2002年7月5日16時現在の価格で比較。**
**東工取当限1,208円/g、東工取先限1,201円/g、地金メーカー1,315円/g**
（東工取利用の場合は、納会日を迎えてからの受渡し。購入合計金額は購入当日の価格が納会値と同じという仮定で算出した）

※1　手数料は、以下3点の手数料の合計
①建て玉をする際の委託手数料、5,200円（1,000円/g以上1,400円/g未満）
②地金を受け取る際の手数料、5,200円（1,000円/g以上1,400円/g未満）
③地金を受け取る際の出庫量、300円
（委託手数料は、ネットトレード等では各会社によって異なる）
※2　消費税の各項目は以下のように算出
①地金メーカーの小売価格は税込み表示
②東工取利用の場合は、手数料と取引最終日の値段（納会値）から消費税を算出した

# Q28

## 東工取の金・銀・白金先物の取引条件を教えてください

### A　図46の通りです。

東工取の金・銀・白金の取引条件は図46の通りです。ただし、委託手数料は、ネットトレード等では各会社によって異なりますので、取り引きする会社に確認してください。

図46　東工取の金・銀・白金先物取引要綱（2002年6月現在）

| 項　目 | 金 | 銀 | 白金 |
|---|---|---|---|
| 取引の種類 | 標準物先物取引 | | |
| 標準品 | 純度99.99％以上の金地金 | 純度99.99％以上の銀地金 | 純度99.9％以上の白金地金 |
| 先物取引の期限 | 12ヵ月以内の偶数月の6限月制 | | |
| 納会日 | 受渡日から起算して4営業日前の前場限り（半休業日を除く） | | |
| 呼値とその値段 | 1gあたり1円刻み | 10gあたり10銭刻み | 1gあたり1円刻み |
| 取引単位・受渡単位 | 1kg（1枚） | 60kg（1枚） | 500g（1枚） |
| 立会時間 | 前場／09：00～11：00　後場／12：30～15：30<br>立会開始時は期近限月から順次2分ごと | | |
| 売買仕法 | システム売買による個別競争売買（複数約定＝ザラバ取引） | | |

| 項目 | 金 | 銀 | 白金 |
|---|---|---|---|
| 値幅制限 | 標準価格（円） 制限値段（円）<br>1,100未満 30<br>1,100～1,600未満 40<br>1,600～2,100未満 50<br>2,100以上 60 | 標準価格（円） 制限値段（円）<br>150未満 5.0<br>150～200未満 6.0<br>200～250未満 7.0<br>250～ 8.0 | 標準価格（円） 制限値段（円）<br>1,200未満 40<br>1,200～1,800未満 50<br>1,800～2,400未満 60<br>2,400以上 70 |
| 委託証拠金告示額（1枚あたり） | 標準価格（円） 証拠金（円）<br>1,100未満 45,000<br>1,100～1,600未満 60,000<br>1,600～2,100未満 75,000<br>2,100以上 90,000 | 標準価格（円） 証拠金（円）<br>150未満 45,000<br>150～200未満 54,000<br>200～250未満 63,000<br>250以上 72,000 | 標準価格（円） 証拠金（円）<br>1,200未満 30,000<br>1,200～1,800未満 37,500<br>1,800～2,400未満 45,000<br>2,400以上 52,500 |
| 委託手数料（1枚あたり）および受渡手数料 | 標準価格（円） 手数料（円）<br>1,000未満 4,500<br>1,000～1,400未満 5,200<br>1,400～1,800未満 5,900<br>1,800～2,200未満 6,600<br>2,200～2,600未満 7,300<br>2,600～3,000未満 8,000<br>・約定値段400円増すごとに上記に準じ700円を加算する<br>注）日計り商いは往復で上記の金額 | 標準価格（円） 手数料（円）<br>100未満 2,900<br>100～150未満 3,900<br>150～200未満 4,900<br>200～250未満 5,900<br>250～300未満 6,900<br>300～350未満 7,900<br>・約定値段50円増すごとに上記に準じ1,000円を加算する<br>注）日計り商いは往復で上記の金額 | 標準価格（円） 手数料（円）<br>1,000未満 3,100<br>1,000～1,400未満 3,400<br>1,400～1,800未満 3,700<br>1,800～2,200未満 4,000<br>2,200～2,600未満 4,300<br>2,600～3,000未満 4,600<br>・約定値段400円増すごとに上記に準じ300円を加算する<br>注）日計り商いは往復で上記の金額 |
| 建玉数量の制限（一般委託者） | 限月の区別なく5,000枚（売または買のそれぞれの建玉数量） | 限月の区別なく3,000枚（売または買のそれぞれの建玉数量） | 1番限 100枚（納会月）<br>150枚（納会月前月）<br>2番限 200枚<br>3・4番限 各700枚<br>その他の限月 各1,000枚<br>合計 3,000枚 |

※委託証拠金告示額は、主務大臣が定める最低料率であるため、東工取ではこの額を上回る委託本証拠金を設定する場合がある

※現物の受渡しについては「Q31 金・銀・白金の現物受渡しの手順を教えてください」を参照

※片道とは新規買い、新規売り、もしくは買戻し、転売にかかる手数料。往復とは新規買い－転売、もしくは新規売り－買戻しにかかる手数料

※ネットトレード等の委託手数料は会社によって異なる

※ザラバは、複数約定値段方式とも呼ばれ、「価格優先」「時間優先」の原則に添って、一定時間帯に複数の価格形成が連続的に行われる。つまり同じ時刻に注文が成立しても、人によってその約定価格は異なる

# Q29

## 金・銀・白金先物取引への投資はいくらから始められますか？

**A　2002年6月現在では、**
**金・白金は6万円から、銀は5.4万円からです。**

### ■「委託証拠金」とは？

委託証拠金は、取引（商品の受渡し）が確実に行われるための担保として、また相場の変動による損失に対する担保として預けるものです。金先物取引の委託証拠金は、代金の５％程度です。これは先物取引が「将来における受渡し」を約束する契約である、つまりすぐに商品の現物とその代金を必要としないためです（**「Q26 現物取引と先物取引の違いは何ですか？」参照**）。委託証拠金は現金のほか、株券・国債などの有価証券で預け入れることもできます。

委託証拠金にはいくつかの種類があり、通常の取引に必要なものは「委託本証拠金（本証）」といいます。このほか「委託追証拠金（追証）」「委託定時増証拠金（定増）」「委託臨時増証拠金（臨増）」が必要となる場合があるので、常に資金に余裕を持った取引をすることがことが望ましいでしょう。それぞれの証拠金が必要になる場合については、取引ガイドなどや取引する会社に確認してください。

### ■金は１枚６万円から

東工取は取引要綱で、金・銀・白金の委託証拠金の最低額を図

47のように定めています（2002年6月現在）。

取引所はこの表の最低額以上であれば、証拠金額を自由に設定できる権限を持っており、先物市場での商品の価格に応じて、月ごとに証拠金を決定、発表しています。また、価格が大きく動いている場合には、これよりも高い額の証拠金を設定することがあります。

取引を開始するときは、急激な相場変動にも対応できるよう、委託証拠金以外の余裕資金を十分確保してから行うことが大切です。

図47　東工取 金･銀･白金市場の委託証拠金（2002年6月現在）

**金**

| 標準価格（円） | 1枚あたり証拠金告示額（円） |
|---|---|
| ～1,100未満 | 45,000 |
| 1,100～1,600未満 | 60,000 |
| 1,600～2,100未満 | 75,000 |
| 2,100～ | 90,000 |

**銀**

| 標準価格（円） | 1枚あたり証拠金告示額（円） |
|---|---|
| ～150未満 | 45,000 |
| 150～200未満 | 54,000 |
| 200～250未満 | 63,000 |
| 250～ | 72,000 |

**白金**

| 標準価格（円） | 1枚あたり証拠金告示額（円） |
|---|---|
| ～1,200未満 | 30,000 |
| 1,200～1,800未満 | 37,500 |
| 1,800～2,400未満 | 45,000 |
| 2,400～ | 52,500 |

# Q30

## 金・銀・白金の現物受渡しはどのくらい行われているのですか？

**A　最も多く受渡しされているものは金です。**

**金・銀・白金のなかで、最も多く現物受渡しされているものは金で、2001年は約6.4トンでした。2002年はすでに6月までで約4.5トンの受渡しがあります。**

### ■先物市場での受渡量は、国内投資需要の約１割

東工取の貴金属市場では、ほかの国内商品市場とは異なり、これまでコンスタントに現物の受渡しが行われています。

金・白金は、毎回まとまった量が受渡しされています。特に金市場では早受渡も行われています（**早受渡については「Q31 金・銀・白金の現物受渡しの手順を教えてください」参照**）。

金市場では、投資目的の受渡しが多く見られます。

日本の金投資需要（地金とコインの売買）は、2001年全体で64.8トンです。同年の金先物の受渡量は約6.4トンですから、およそ１割を占めています。

図48　東工取　受渡枚数の推移

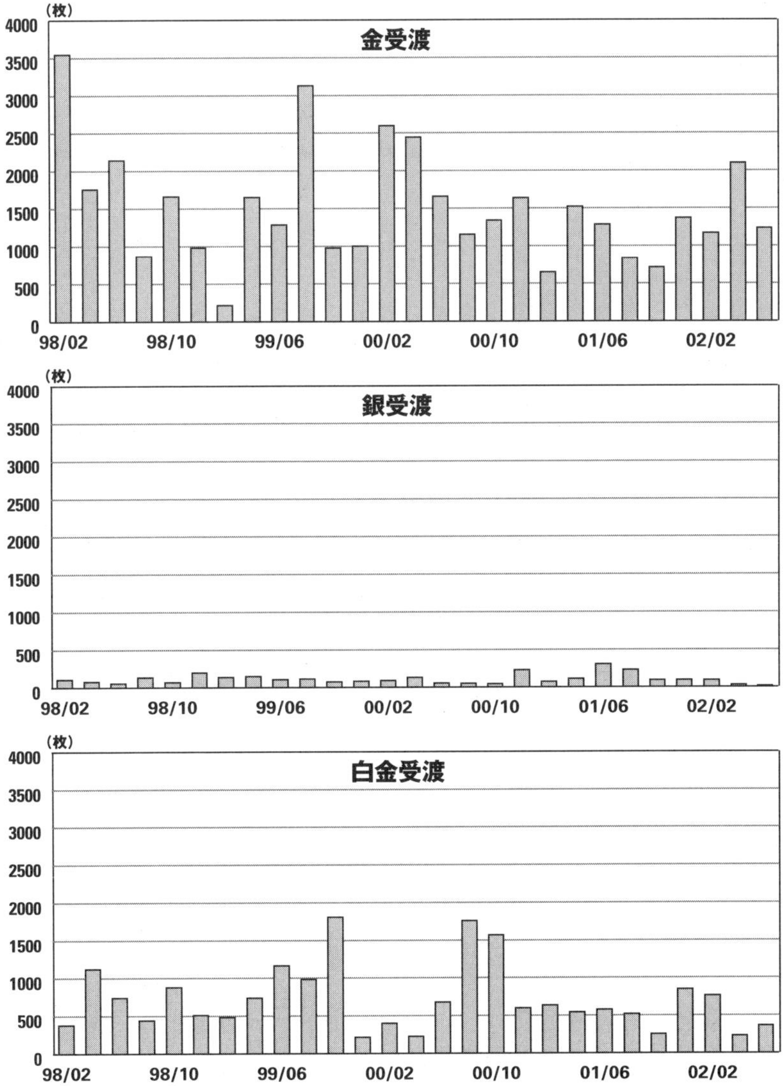


出所：「統計月報」東京工業品取引所、「商品取引年鑑」米穀新聞社、「貴金属データブック」ゼネックス

# Q31

## 金・銀・白金の現物受渡しの手順を教えてください

**A　受渡しの流れは、図49の通りです。**

図49　基本的な受渡しの手順

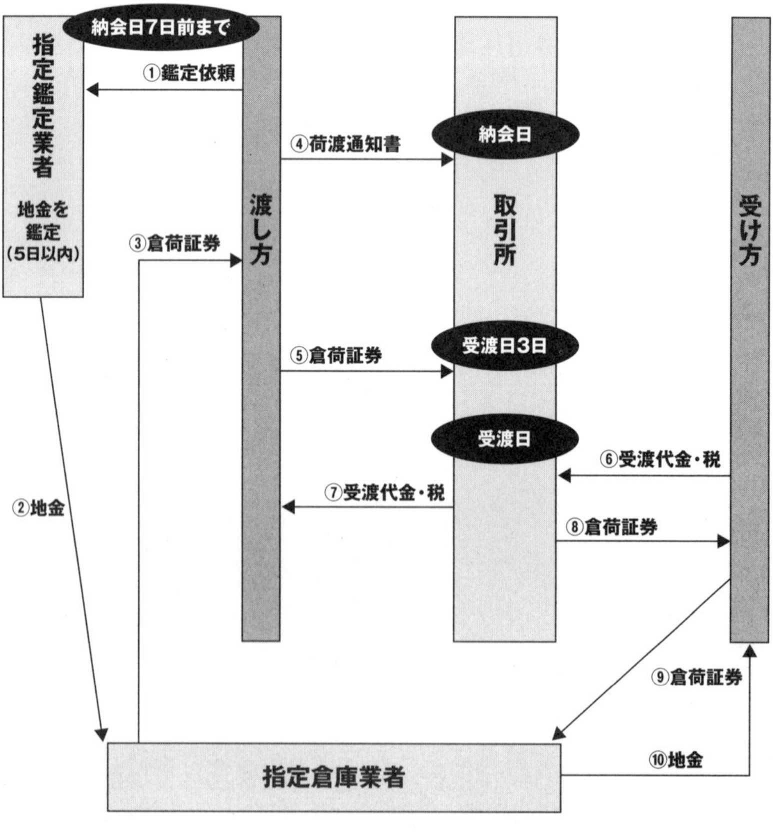


※「日」は営業日を指す
※実際は、地金鑑定にかかる日数や納会月などにより、多少前後することもある

■受渡の種類・方法

東工取の貴金属の受渡しには、基本的な受渡方法のほか、「早受渡」「合意早受渡」「両建早受渡」があります。それぞれの特徴は以下の通りです。

- **早受渡**……納会日の前月の第1営業日から納会の3営業日前までに取引所に申請して、通常の受渡日より早く受渡しを行う
- **合意早受渡**…渡し方、受け方双方の合意の下で早受渡が行われるため、地金の品質について取引所は責任を負わないことになっている
- **両建早受渡**…会員が当月限の両建玉を持つ場合に、その両建玉によって早受渡を行うこと

また、貴金属の現物受渡し手続きには、渡し方、受け方でそれぞれに違いがあります。

- **地金の鑑定**…渡し方が指定の業者へ鑑定を依頼し、その費用（1kgあたり約1.5万円程度）を負担する
- **受渡品の決定**…受け方が2名以上いる場合は、受渡品の決定（抽選）を受け方が行う

図50　東工取の金・銀・白金　受渡要綱（本受渡2002年6月現在）

| 項目 | 金 | 銀 | 白金 |
| --- | --- | --- | --- |
| 受渡日 | 毎偶数月最終営業日（12月は24日）<br>当日が半休業日の場合は、順次繰り上げる | | |
| 標準品 | 純度99.99％以上の金地金 | 純度99.99％以上の銀地金 | 純度99.9％以上の白金地金 |
| 受渡手数料 | 委託手数料と同じ<br>（「Q28：東工取の金・銀・白金先物取引の取引条件を教えてください」参照） | | |
| 受渡供用品※ | 標準品と同等であって、取引所が指定する商標等の刻印のあるもの。受渡品の供用量目の増減はなし | 標準品と同等であって、取引所が指定する商標等の刻印のあるもの。受渡品の供用量目の許容限度増減は6％以内 | 標準品と同等であって、取引所が指定する商標等の刻印のあるもの。受渡品の供用量目の許容限度増減は2％以内 |
| 受渡場所 | 取引所の指定倉庫（東京都所在の営業倉庫） | | |
| 受渡方法 | 渡方は受渡品にかかわる取引所指定倉庫発行の倉荷証券を、<br>受方は受渡値段による受渡代金をそれぞれ東工取に提出して行う | | |

※受渡し供用品の「取引所が指定する商標等」とは以下の通り

| 商品 | 商標・商号等 |
| --- | --- |
| 金 | 日鉱金属、三菱マテリアル、三井金属鉱業、住友金属鉱山、同和鉱業、古河機械金属、中外鉱業、田中貴金属工業、徳力本店、石福金属興業、松田産業、Argor-Heraeus SA（スイス）、Argor S.A.（スイス）、Swiss Bank（スイス）、Union Bank of Switzerland (スイス)、Golden West Refining (豪)、LG Metals（韓）、Credit Suisse（スイス）、Degussa（独）、Comptoir Lyon Alemand Louyot（仏）、Engelhard（英）、Engelhard-CLAL（英・仏）、Johnson Matthey（英・豪・加・米（ソルトレークシティ））、Metalor U.S.A（米）、PAMP（スイス）、Perth Mint（豪）、Royal Canadian Mint（加）、Rand Refinery（南ア）、Navoi Mining and Matallurgical Complex（ウズベキスタン）、UBS AG（スイス）、LG-NIKKO（韓）、AGR（豪） |
| 銀 | 日鉱金属、三菱マテリアル、三井金属鉱業、住友金属鉱山、同和鉱業、古河機械金属、中外鉱業、田中貴金属工業、徳力本店、石福金属興業、松田産業、Sunshine（米）、Korea Zinc（韓）、Noranda Metallurgy Inc.（加）、Asarco Amarillo（米）、CP Peru（ペルー）、Degussa（独）、Comptoir Lyon Alemand Louyot（仏）、Engelhard-CLAL（仏）、Metalor U.S.A（米）、Penoles（メキシコ）、 |
| 白金 | ジャパンエナジー、三菱マテリアル、三井金属鉱業、住友金属鉱山、同和鉱業、田中貴金属工業、徳力本店、石福金属興業、松田産業、ヒラコ、Almas(露)、Western Platinum（南ア）、Credit Suisse（スイス）、Degussa（独）、Comptoir Lyon Alemand Louyot（仏）、Engelhard（英）、Engelhard（米）、Engelhard-CLAL（英・米・仏）、Johnson Matthey（英・米）、P.G.P.（米） |

# Q32



## 先物取引委託者保護のしくみを教えてください

**A　徹底した資金の分離保管によって、債権保全が図られています。**

### ■分離保管を基礎とした委託者債権保護制度

銀行預金や証券投資財産については投資家保護目的でペイオフ制度を導入していますが、商品先物取引に関してはペイオフ制度の適用はありません。

なぜならば、商品先物業界では商品取引所法に基づき「委託者資産の分離保管」を大前提にした委託者保護制度が昭和51年にすでに整備されているからです。

図51　委託者保護のしくみ

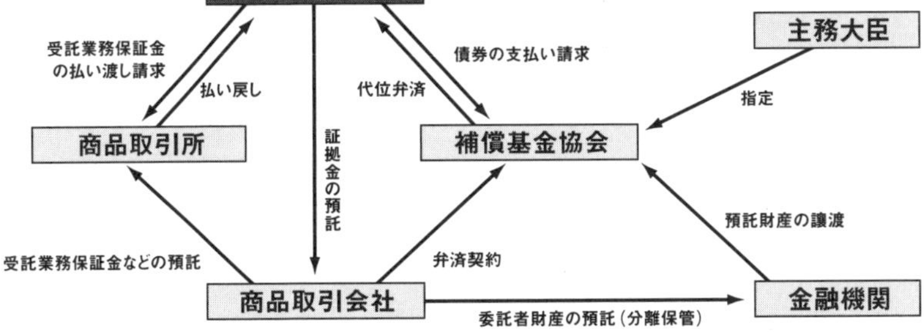

■分離保管のしくみ

分離保管の制度は昭和43年から段階的に始まり、昭和50年、平成2年の改正を経て、現在は法令によって100％の分離保管が義務付けられています。

分離保管のしくみは、次のようになっています。まず、委託者から商品取引員が預託を受けた委託証拠金のうち、約10％部分が取引証拠金として、また、建玉数に応じた一定の額が受託業務保証金として取引所に預託されます。次に、取引所に預託されない残りの委託者財産（この部分を分離保管等対象財産という）のうち、一部は銀行等に保証され、さらに残りの部分は銀行に預託されることになっています。ほとんどの商品取引員は法定の「商品取引受託債務補償基金協会」（補償基金協会）と弁済契約を締結しています。

もし商品取引員が倒産等の状況に陥った場合には、まず取引所に預託された財産から支払いが行われ、次に分離保管等対象財産に相当する金額が支払われることになります。そのうえでなお返還額が不足する場合には、補償基金協会の弁済基金から合計60億円を限度に充当されます。この弁済基金は平成13年10月末現在で186億円積み立てられています。

現在までに商品取引員の倒産（弁済事故）は10件起きていますが、平均で97％の委託者債権が返還されています（平成５年以降、弁済事故は１件も発生していません）。

# Q33

# 金の需給見通しを教えてください

## A　金需給は、今後引き締まっていく方向にあります。

**金の加工用需要は、ほぼ毎年、供給＝鉱山生産＋スクラップ回収量を上回っており、供給不足の状態。その不足分は基本的に中央銀行による金売却でまかなわれています。**

**今後は鉱山生産量の減少が予想され、需給が引き締まってくる可能性があります。**

### ■公的売却が供給の要

ゴールド・フィールズ・ミネラル・サービシズ社発行の『Gold Survey 2002』によれば、2001年の鉱山生産とスクラップ回収の合計は3,310トンで、加工用需要の3,490トンに180トン足りません。この差は需要にも供給にもなり得るバランス項目である「公的売却(購入)」「生産者ヘッジ売り」「退蔵放出(購入)」で調整されます。

1999年までは、大量の公的売却と生産者ヘッジ売りでこの差を調整してきました。しかし、2000年からは生産者がヘッジを買い戻しはじめたことで、今や公的売却だけがその差を調整する構図となっています。

図52　世界金需給（1995～2001年）（単位：トン）

| | | 1995年 | 1996年 | 1997年 | 1998年 | 1999年 | 2000年 | 2001年 |
|---|---|---|---|---|---|---|---|---|
| 需要 | 加工用需要（A） | 3,308 | 3,342 | 3,911 | 3,726 | 3,732 | 3,739 | 3,490 |
| | 宝飾品 | 2,792 | 2,851 | 3,349 | 3,156 | 3,149 | 3,175 | 3,207 |
| | その他 | 502 | 484 | 560 | 569 | 595 | 563 | 572 |
| 供給 | 供給小計（B） | 2,905 | 3,003 | 3,103 | 3,625 | 3,172 | 3,190 | 3,310 |
| | 鉱山生産 | 2,276 | 2,361 | 2,479 | 2,537 | 2,567 | 2,584 | 2,604 |
| | スクラップ回収 | 629 | 642 | 624 | 1,088 | 605 | 606 | 706 |
| 需給格差 | （B－A） | -403 | -339 | -808 | -101 | -560 | -549 | -180 |
| バランス内訳 | 公的売却（購入） | 167 | 279 | 326 | 380 | 478 | 489 | 504 |
| | 生産者ヘッジ売り | 475 | 142 | 504 | 97 | 506 | -15 | -147 |
| | 退蔵放出（購入） | -239 | -82 | -21 | -377 | -425 | 73 | -179 |

※バランス内訳のプラス値は供給増、マイナス値は需要増。四捨五入のため合計が一致しない場合がある

出所：「Gold Survey 2002」Gold Fields Mineral Services

## ■ニューモント社の予測

世界最大の金鉱山会社ニューモント・マイニング社（米）は、世界金生産量は今後10年減少し続け、2010年には2001年比３割減まで落ち込むと予測しています。

もし同社予測が実現すれば、鉱山生産量は2010年に1,823トンに減少することになります。一方、他の需要・供給数値を現状維持と仮定すると、金需給は約1,000トンの供給不足になります。

| | | | | |
|---|---|---|---|---|
| 3,500トン　－ | （1,800トン＋ | 700トン） | ＝ | 1,000トン |
| 加工用需要 | 鉱山生産 | スクラップ回収 | | 供給不足 |

そのときにバランス調整項目である中央銀行の金売却が、不足分拡大に応じて増えるという保証はありません。したがって金の需給は、今後引き締まる可能性が高いと考えられます。

図53　世界の金生産量の見通しを伝える日本経済新聞（2002年6月13日）

2002年（平成14年）6月13日（木曜日）

# 金鉱山大手の世界再編進む

## 買収・合併で市場寡占化

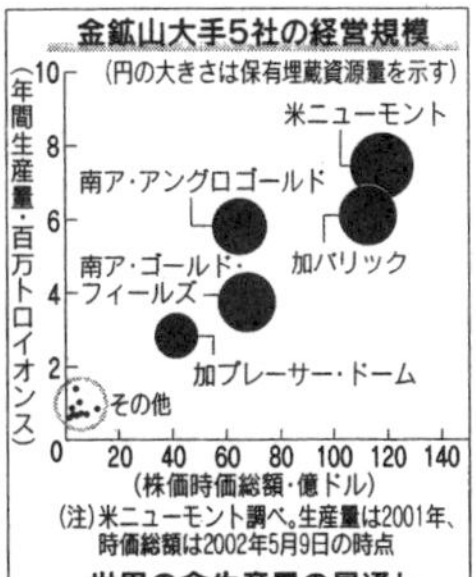


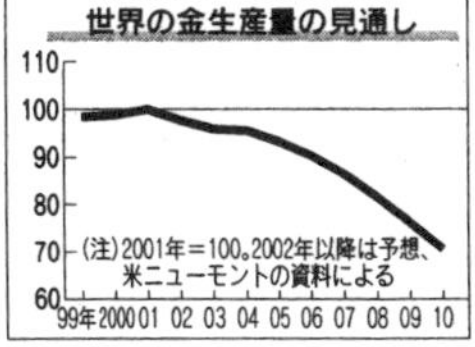


【シカゴ＝千葉研】金鉱山会社の世界再編が加速している。米ニューモント・マイニングはオーストラリアとカナダの金鉱山大手を総額五十二億ドル（約六千五百億円）で買収。カナダの中堅鉱山三社も事業統合で合意した。昨年まで二十年間にわたる相場低迷で生産コスト削減を迫られたため。鉱山大手の再編が進めば、金相場の上昇要因になりそうだ。

### 相場上昇に拍車も

ニューモントは二月、オーストラリアの金鉱山最大手ノルマンディ・マイニングとカナダのフランコ・ネバダをそれぞれ二十二億ドル、三十億ドルで買収した。ノルマンディ買収を巡り競合した南アフリカのアングロゴールドなどを抜き金生産量で世界最大手に浮上した。

カナダのキンロス・ゴールドは六月、同国内の中堅鉱山のエコー・ベイ・マインズとTVXゴールドを総額十七億カナダドル（約千三百九十億円）で買収することを決めた。買収後の金生産量は世界第七位になる。

カナダのプレーサー・ドームは五月、オーストラリアのオウリオン・ゴールドに二十億豪ドル（約千四百三十億円）での買収を提案。カナダ最大手のバリック・ゴールドも昨年十二月に米ホームステーク・マイニングを二十三億ドルで買収するなど、ここ半年で大型再編が相次いでいる。

金相場は一九八〇年代から長期低迷が続き、コスト高の中小鉱山が閉鎖に追い込まれた。大手にとって規模拡大による合

理化と有力
急務。ニュ
収で年間八
ドル、合併を
三社も千五
ト削減を実
米、オース
フリカなど
力鉱脈を囲
的な鉱山開
主要鉱脈
が見込まれ
手の集約が
寡占化によ
拍車がかか
長期低迷後
金利低下、
などで金の

### 買収余力、金

鉱山各社の再編を後押ししているのは金の国際価格の急騰だ。中東やインド・パキスタンなど緊迫する国際情勢や米景気の回復のもたつきを受け、投資マネーが安全資産とされる金に流れ込み、ニューヨーク市場で

は金価格が
%上がった
昇で収益拡
鉱山会社の
上昇。時価
買収余力を
る。
今年に入
の株価は軒

経済特区をロシアとの

# Q34

## 銀の需給見通しを教えてください

**A　銀需給は、緩和傾向が続く見通しです。**

**銀も金と同様に、「加工用需要＞鉱山生産＋スクラップ回収」となっていますが、大量の公的売却や退蔵放出で需給はバランスしています。懸念材料としては、主要用途の写真フィルム向け需要がデジタルカメラの急速な普及で、減少傾向を示していることです。**

### ■退蔵放出と公的売却

2002年5月のシルバー・インスティテュート「World Silver Survey 2002」によれば、2001年の鉱山生産とスクラップ回収の合計は24,081トン。加工用需要は26,859トンでした。

その差は金と同様に、「公的売却」「鉱山会社のヘッジ売り」「退蔵放出」の3項目で埋めてきました。とりわけ近年では、退蔵放出と公的売却がその役割を担っています。

図54　世界銀需給(1995～2001年)(単位:トン)

| | | 1995年 | 1996年 | 1997年 | 1998年 | 1999年 | 2000年 | 2001年 |
|---|---|---|---|---|---|---|---|---|
| **需要** | **加工用需要(A)** | 23,877 | 24,778 | 26,207 | 25,716 | 26,975 | 28,235 | 26,859 |
| | **工業用** | 9,185 | 9,247 | 9,966 | 9,836 | 10,595 | 11,728 | 10,529 |
| | **写真フィルム用** | 6,561 | 6,594 | 6,812 | 6,997 | 7,025 | 6,828 | 6,539 |
| | **宝飾品・コイン** | 8,132 | 8,937 | 9,428 | 8,883 | 9,356 | 9,678 | 9,790 |
| **供給** | **供給小計(B)** | 19,976 | 20,095 | 21,530 | 22,933 | 22,332 | 23,652 | 24,081 |
| | **鉱山生産** | 14,915 | 15,175 | 16,270 | 16,907 | 16,894 | 18,077 | 18,351 |
| | **スクラップ回収** | 5,061 | 4,920 | 5,260 | 6,026 | 5,438 | 5,575 | 5,730 |
| **需給格差** | **(B−A)** | -3,901 | -4,683 | -4,677 | -2,783 | -4,643 | -4,583 | -2,778 |
| **バランス内訳** | **公的売却(購入)** | 788 | 589 | -22 | 1,232 | 2,961 | 2,430 | 2,666 |
| | **生産者ヘッジ売り** | 287 | -461 | 2,150 | 170 | -399 | -886 | 634 |
| | **退蔵放出(購入)** | 2,826 | 4,555 | 2,549 | 1,381 | 2,081 | 3,039 | -522 |

※バランス内訳のプラス値は供給増、マイナス値は需要増。四捨五入のため合計が一致しない場合がある

出所：「World Silver Survey 2002」Silver Institute

# Q35

## 白金の需給見通しを教えてください

### A　白金需給は均衡する見通しです。

**ジョンソン・マッセイ社の報告によると、世界白金の需要超過は、1999年22トン、2000年12トン、2001年9トンと、徐々に解消しています。**

### ■需要増加を、南アの増産でまかなう

2001年、白金の宝飾需要は世界的な景気低迷の影響で減少したものの、自動車用の排ガス触媒需要の増加が減少分を上回り、全体としては需要増となりました。今後は燃料電池の白金系触媒需要増が期待されており、需要はさらに拡大する見通しです。

これらに対応して、南アの大手白金鉱山会社は今後5年間で大規模な増産計画を発表しています。

### ■自動車触媒需要のプラチナ回帰の定着は未知数

もともと自動車触媒には白金が使用されてきましたが、世界的に排ガス規制が強化されるなか、割安だったパラジウムへの代替が進みました。しかし2000～2001年前半、ロシアからの供給不安でパラ

図55　世界白金需給（1995～2001年）（単位：トン）

| | 1995年 | 1996年 | 1997年 | 1998年 | 1999年 | 2000年 | 2001年 |
|---|---|---|---|---|---|---|---|
| 南ア | 104.8 | 105.4 | 115.1 | 114.5 | 121.3 | 118.2 | 127.5 |
| ロシア | 39.8 | 37.9 | 28.0 | 40.4 | 16.8 | 34.2 | 40.4 |
| 北米 | 7.5 | 7.5 | 7.5 | 8.9 | 8.4 | 8.9 | 10.9 |
| その他 | 3.1 | 4.0 | 3.7 | 4.2 | 5.0 | 3.3 | 3.4 |
| スクラップ | 10.0 | 10.9 | 11.5 | 12.6 | 13.1 | 14.6 | 16.2 |
| 供給合計 | 165.2 | 165.8 | 165.8 | 180.6 | 164.5 | 179.2 | 198.4 |
| 自動車触媒 | 57.5 | 58.5 | 56.9 | 56.0 | 50.1 | 58.8 | 78.4 |
| その他工業用 | 24.9 | 29.4 | 30.3 | 28.8 | 31.3 | 34.7 | 33.7 |
| 宝飾 | 56.3 | 61.9 | 67.2 | 75.6 | 89.6 | 88.0 | 79.3 |
| 投資 | 10.7 | 7.5 | 7.5 | 9.8 | 5.6 | -1.9 | 2.5 |
| その他 | 11.0 | 7.9 | 9.2 | 9.5 | 10.4 | 11.7 | 13.5 |
| 需要合計 | 160.5 | 165.2 | 171.1 | 179.6 | 186.9 | 191.3 | 207.5 |
| 需給格差 | 4.7 | 0.6 | -5.3 | 0.9 | -22.4 | -12.1 | -9.0 |

※「需給格差」のプラス値は供給超過

出所：「Platinum 2002」Johnson Matthey

ジウム価格が高騰、白金価格を大幅に上回ったために、欧州のディーゼル車触媒用途を中心に、白金に回帰する動きが出てきました。特に2001年の白金需要の増加は、このパラジウムからのシフト分が大きく影響しています。

しかし、2002年6月末現在、白金とパラジウム価格は再び逆転し（白金1,988円、パラジウム1,194円）、パラジウムがコスト優位に立っています。したがってこの分野でのプラチナの需要の拡大ペースは今後鈍化する可能性があります。

# Q36

## 金の生産コストは 1トロイオンスあたり何ドルですか？

**A　2001年で平均228ドルです。
ここ数年低下傾向にあります。**

### ■産金コストは過去5年で100ドルも低下

図56をみてください。1990～1997年の間、1トロイオンスあたりの産金コストは300ドル前後で推移し、比較的安定していました。

その後の4年間では、産金コストは約100ドル近く低下し、2001年には228ドルとなりました。この要因には、①鉱山会社の再編による経営合理化、②銅鉱山などで副産物として生産されるコストの安い金が増えたこと、③露天掘りに近い低コストの新規鉱山が稼動したこと、などが挙げられます。

### ■産金コスト低下は金価格の押し下げ要因か？

産金コストの低下は、鉱山会社の採算を改善し、ヘッジ売りや新規鉱山開発の意欲を増進させます。結果、金の供給増につながり、金価格の押し下げ要因となる可能性があります。

「**Q33 今後の金の需給見通しを教えてください**」では、金の生産量が徐々に減少する見通しを紹介しましたが、今後も産金コストが現在の低水準を維持すれば、その見通しは必ずしも正しくないかも

図56　産金コストとNY金先物当限価格の推移（1990～2002年6月）

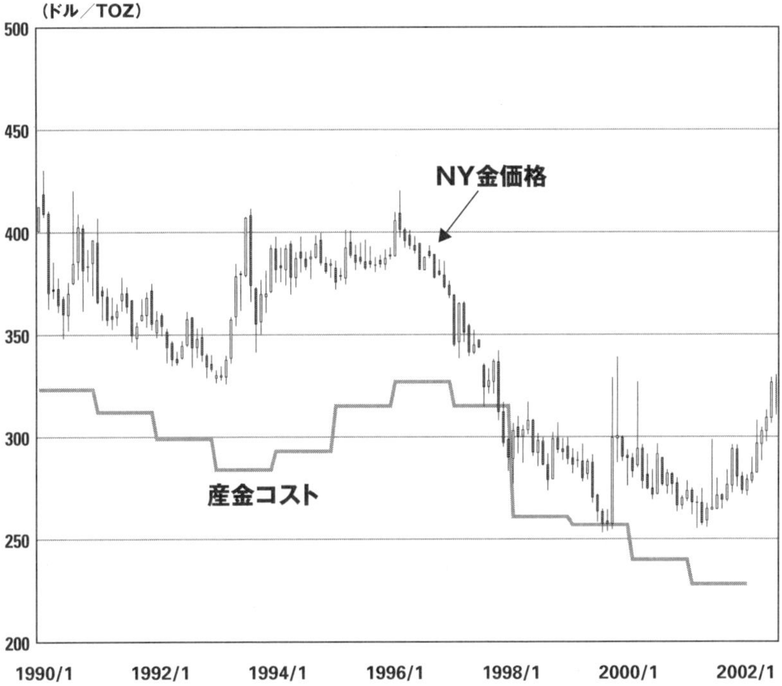


出所：「Gold Survey 2002」Gold Fields Mineral Services

しれません。

産金コストの推移は、今後の金価格の推移を占う意味で、重要な指標です。

# Q37

## 円建て金価格の変動要因を教えてください

**A　為替レート、需給、テクニカルの3つの要因があり、特に為替レートが重要です。**

図57　円建て金価格の上昇要因（下落要因は逆）

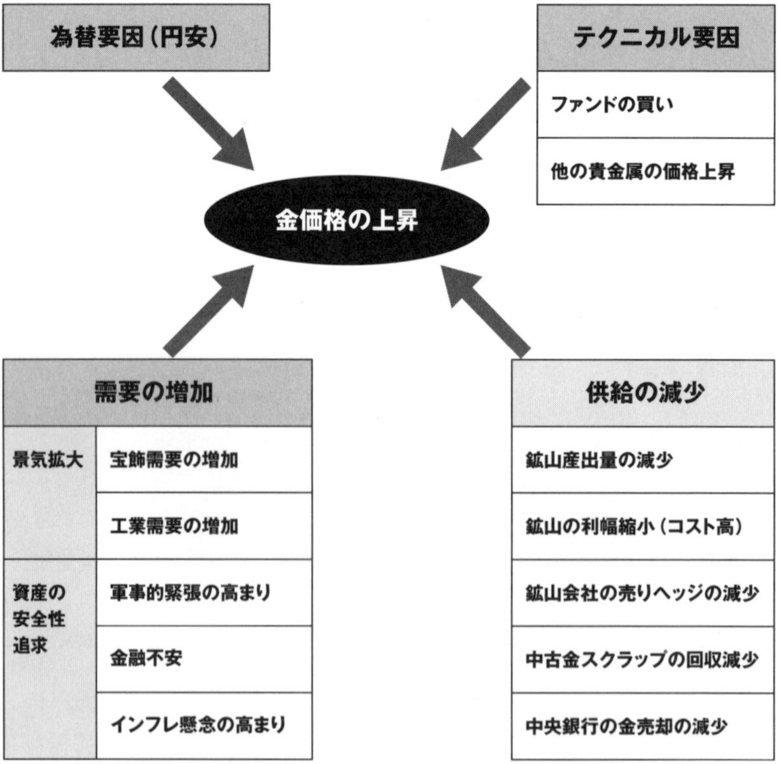

## ■金の需給要因はさまざま

図57をみてください。供給には鉱山会社だけでなく、中央銀行の売却量が深くかかわっています。需要は好景気時には宝飾や工業用需要の伸びに支えられますが、そのほかにも軍事的緊張の高まり、基軸通貨（米ドル）への信頼低下、株安等の金融不安が台頭すれば、「質への逃避」としての金投資需要が高まります。

## ■東京金市場では為替レートが最大の価格変動要因

金は世界的に同じ品質のものが流通していますので、ドル建て金価格はどの市場でも、ほぼ同価格で推移しています。

円建ての金価格は、そのドル建て価格に為替レートを掛けた価格に近い水準で推移します。しかし、為替市場の変動率は概してドル建て金価格の変動率よりも高いため、円建ての金価格は為替レートの変動に左右されることが多くなります。

## ■銀・白金の変動要因もほぼ同じ

銀・白金も為替、需給、テクニカルの３要因で変動しますが、比較的工業用途が多いため、同分野の需要動向に影響されます。加えて銀・白金は、市場規模が最も大きい金の価格につられて動く傾向があります。

また、白金については、生産国が２カ国（南ア、ロシア）に集中しているため、供給側の要因で動くこともあります。

# Q38

## 金・銀・白金の価格はそれぞれ連動していますか？

**A　1979年からの月足中値ベースでみると、相関係数が0.9前後で高い連動性を示しています。**

### ■白金はややユニークな動き

1979～2002年６月までの月足中値（ひと月の高値と安値の平均値）の相関係数は、どの組み合わせも0.9前後を示しており、数年単位でみると相関性が高いことがわかります。

ただし、2000年以降の日足の相関係数は、金－銀が0.78、金－白金が0.31、銀－白金が0.38と低下しており、特に白金価格は金・銀価格と大きくかい離しました。これは2000年の初めにパラジウムが暴騰した際に白金も大幅上昇したことによるものです。

図58　金・銀・白金の月足中値の推移（1979～2002年6月）

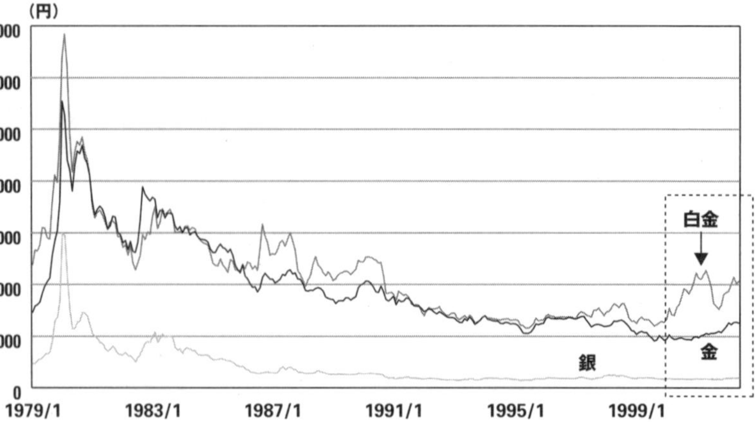

# Q39

## 金・銀・白金需要とGDP成長率の関係を教えてください

**A　金・銀・白金需要は、世界のGDP成長率に近い伸び率を示しています。**

### ■いずれも年平均+2～+5％の伸び

図59～図61は、1992～2001年の世界の金・銀・白金需要の対前年伸び率と世界のGDP成長率を示したものです。年によって需要は増減しますが、平均的には金＋2.2％、銀＋2.2％、白金＋4.5％と、同期間の世界のGDP成長率平均＋3.7％に近い割合で伸びています。

図59　世界の金需要対前年伸び率と世界のGDP成長率（1992～2001年）

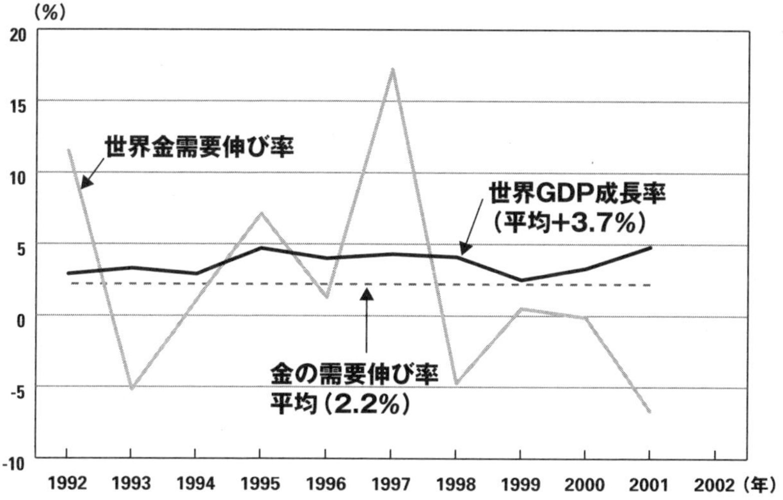


出所：「Gold Survey 2002」Gold Fields Mineral Services、内閣府経済統計

図60　世界の銀需要対前年伸び率と世界のGDP成長率（1992～2001年）

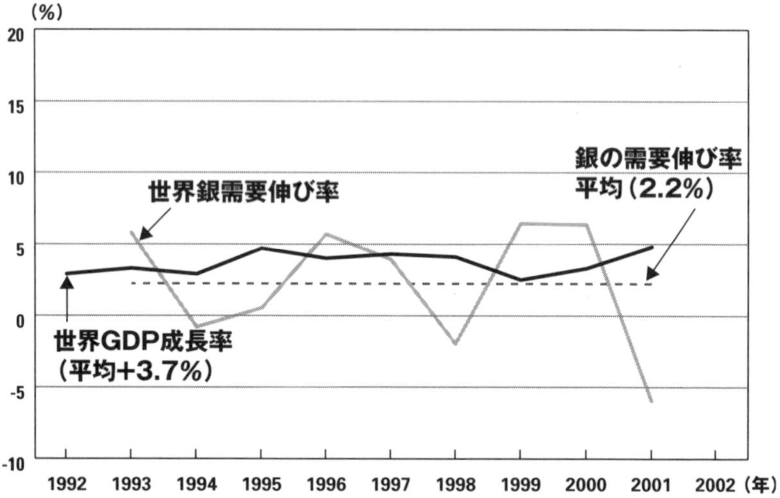


出所：「World Silver Survey 2002」Silver Institute、内閣府経済統計

図61　世界の白金需要対前年伸び率と世界のGDP成長率の推移（1992～2001年）

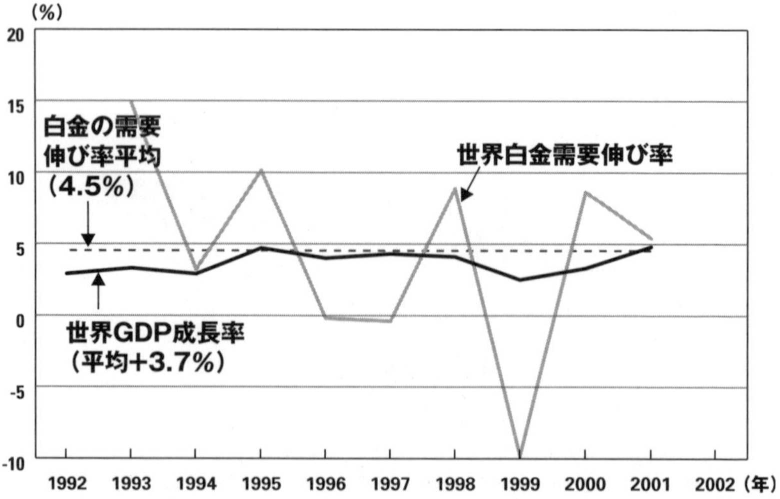


出所：「Platinum 2002」Johnson Matthey、内閣府経済統計

# Q40

## 金・銀・白金価格と為替レートの相関性は高いのですか？

### A　金、銀は為替レートと高い相関性があります。

図62～図64は、1997年1月～2002年6月の金、銀、白金価格と円為替レート（東京市場）の月足中値の推移です。為替レートと金の相関係数は0.75、銀は0.71で、ともに高い相関性がみられます。

一方、白金との相関係数は0.20にとどまりました。これは、①先物市場としては東京が世界最大規模であり、海外市場の影響を受けにくい、②1999～2000年のパラジウム価格急騰に白金が連動した、ことが要因として挙げられます。

図62　東京金先限と為替レート（1997年1月～2002年6月）相関係数0.746

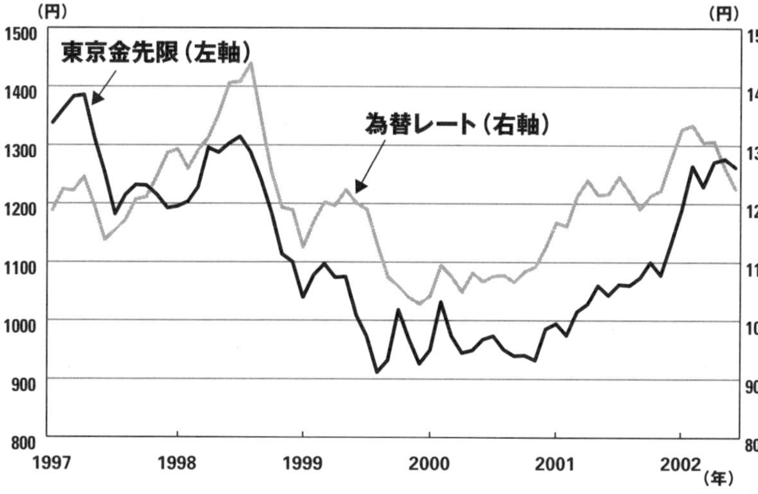

図63　東京銀先限と為替レート（1997年1月～2002年6月）相関係数0.707

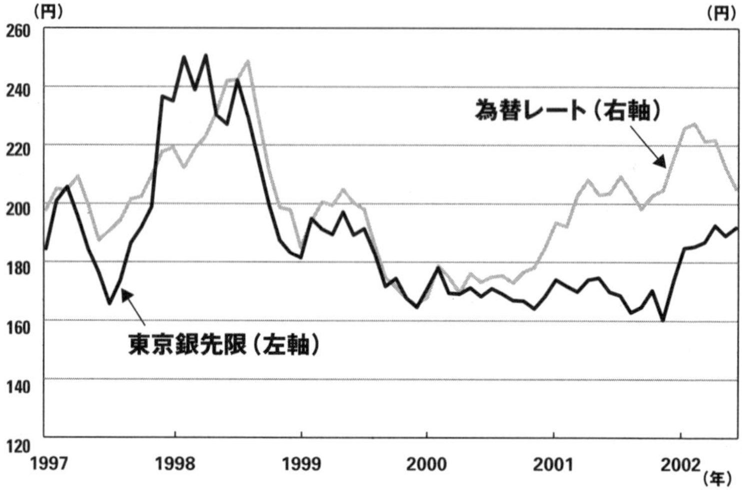


図64　東京白金先限と為替レート（1997年1月～2002年6月）相関係数0.199

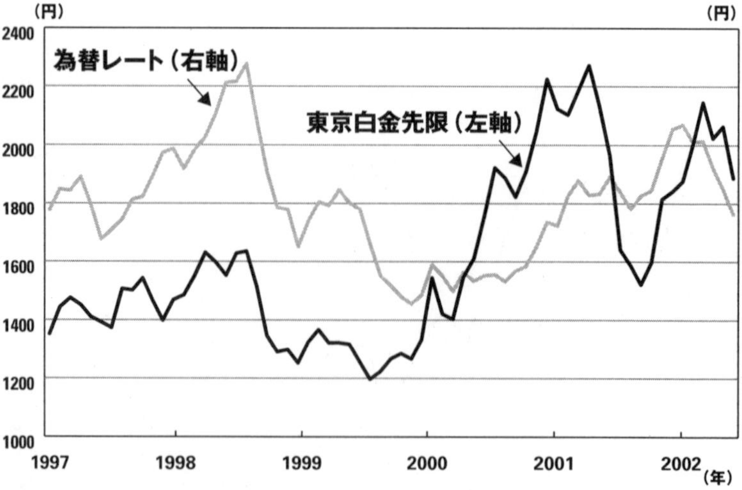

# Q41



## 金価格と平均株価は連動しますか？

**A　NY金価格とNYダウ平均は逆相関です。**
**東京金価格と日経平均には相関性はみられません。**

### ■NY金価格とNYダウ平均は逆相関

図65をみてください。ＮＹ金価格とＮＹダウ平均の間に、明確な逆相関がみてとれます。1987年１月～2002年６月の月足中値の相関係数は−0.774となっています。

図65　NY金価格とNYダウ平均（1997年1月～2002年6月）相関係数-0.774

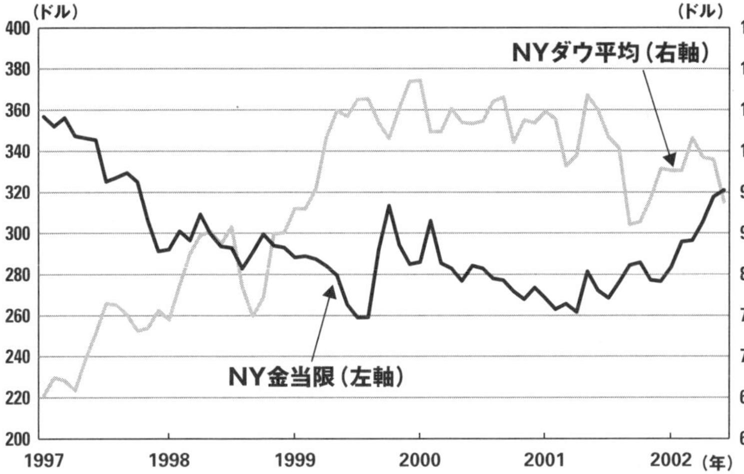

図66　東京金価格と日経平均（1997年1月～2002年6月）相関係数-0.035

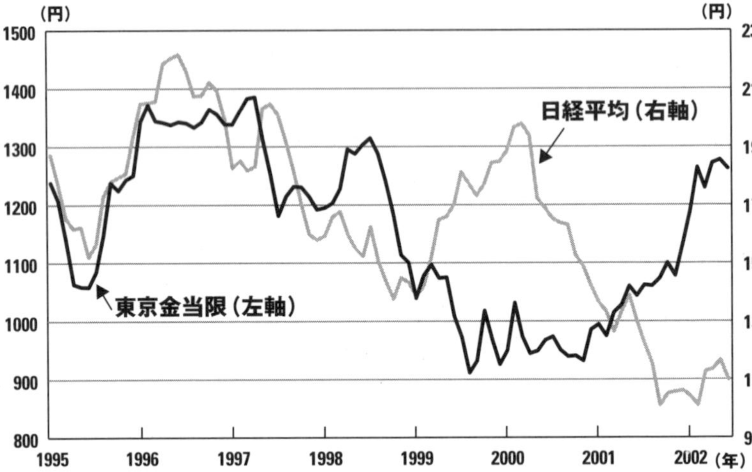


図67　NY金価格と南ア金鉱山株指数（1986年1月～2002年3月）

出所：ヨハネスブルク証券取引所

株式は代表的なペーパー資産ですから、株安→金高は「質への逃避」と理解できます。

## ■東京金価格と日経平均株価に相関性はみられない

図66は、1997年１月～2002年６月の東京金価格と日経平均の月足中値の推移を示したものです。

相関係数は−0.035と相関性をみいだせません。価格が連動しないということは、株式主体の資産運用者にとって分散投資のメリットがあるといえます。

## ■ＮＹ金価格と南ア金鉱山株指数は相関あり

図67は、ＮＹ金価格と南ア金鉱山株指数の推移を示しています。ＮＹ金価格と南ア金鉱山株指数の相関係数は0.61で、両者は正の相関関係にあります。

南ア金鉱山株指数はＮＹ金価格に先行して動くケースが多く、市場関係者から注目されています。

南ア金鉱山株指数は「ビジネス・デイ紙」のホームページ
http://www.bday.co.za/bday/index/noncached/1,4601,6102-0,00.html
などに掲載されています。

# Q42

## 1999～2001年に白金が高騰した理由は何ですか？

**A　ロシアの供給不安によるパラジウム価格の大暴騰に白金価格が連動したためです。**

### ■パラジウム価格は３倍、白金は２倍弱へ

1999年12月、ロシアの大手白金族生産会社であるノリリスク・ニッケル社が、年内のパラジウムの輸出停止と半年間のプラチナの輸出停止を発表しました。白金族のひとつであるパラジウムは、白金とは異なり、生産量の２／３をロシアが占めているため、排気ガス処理触媒用にパラジウムを使用していた自動車メーカーに供給不安が広がりました。

### ■パラジウム価格は３倍、白金は２倍弱へ

そして、供給不安を感じたメーカー、トレーダー、ファンドがこぞってパラジウムの先物を買い始めました。パラジウム価格は急騰し、連れて白金価格も上昇したのです。

その後、東工取のパラジウム価格は、1,203円（1999年10月）から3,614円（2001年１月）と、300％の価格になるまで高騰。白金価格も1,259円（1999年10月）から2,358円（2001年５月）と、187％になるまで上昇しました。

図68　東工取白金、パラジウム先限価格の推移（1999～2001年）

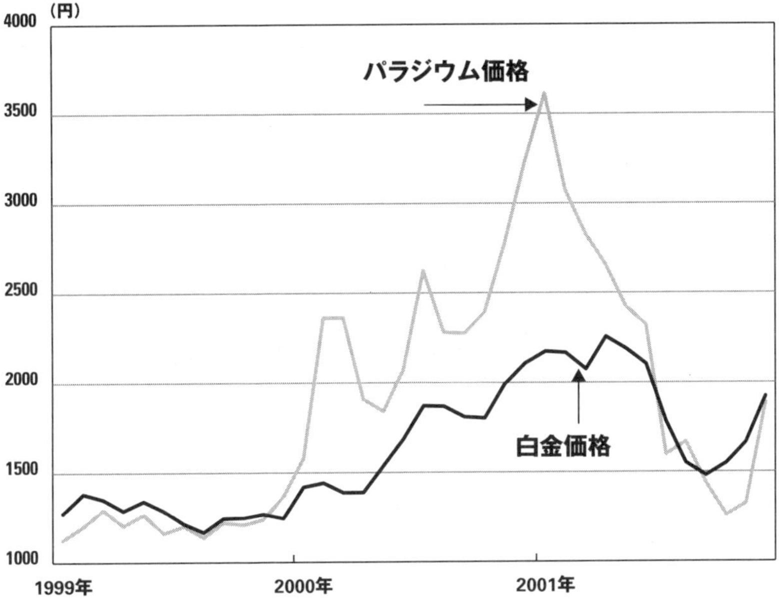


## ■ロシアの供給不安要因はとりあえず払しょく

ロシアの白金族輸出がストップしたのは、同国の法律不備と白金族輸出をめぐる利権争いが原因といわれています。

当時の輸出規制法では、白金輸出は国営機関に限られていました。2002年現在同法は、政府が認可したすべての機関で販売できるようになっています（「**Q43　ロシアの白金族供給事情について教えてください**」参照）。

# Q43

## ロシアの白金族供給事情について教えてください

**A　2002年現在は、国の輸出公団であるアルマズが独占販売しています。**

**現在のロシアの白金族供給は、国の輸出公団であるアルマズが独占販売しています。今後ロシアのWTO加盟が実現すれば、輸出が自由化される見通しです。**

### ■ロシアの白金族供給ルート

ロシアの白金族供給元は、ノリリスク・ニッケル社、ゴクラン、ロシア中央銀行で、輸出はアルマズが一手に担っています。

図69　ロシアの白金族供給ルート

| | |
|---|---|
| ノリリスク・ニッケル社 | ロシア連邦の最大の白金族生産者で、ニッケルも生産している |
| ゴクラン | 国家貴金属・宝石基金。かつて貴金属・宝石連邦委員会の貴金属・宝石備蓄在庫機関だったが、今はロシア連邦財務省の管轄下にある |
| ロシア中央銀行 | 1997年から白金・パラジウム地金をアルマズ経由で輸出している |
| アルマズ | ロシア連邦100％保有の公団で、財務省管轄下にあり、白金族、金、ダイアモンドおよび宝飾品の輸出業務を行なう政府指定輸出代理店 |

図70　ロシアの白金族輸出のメカニズム

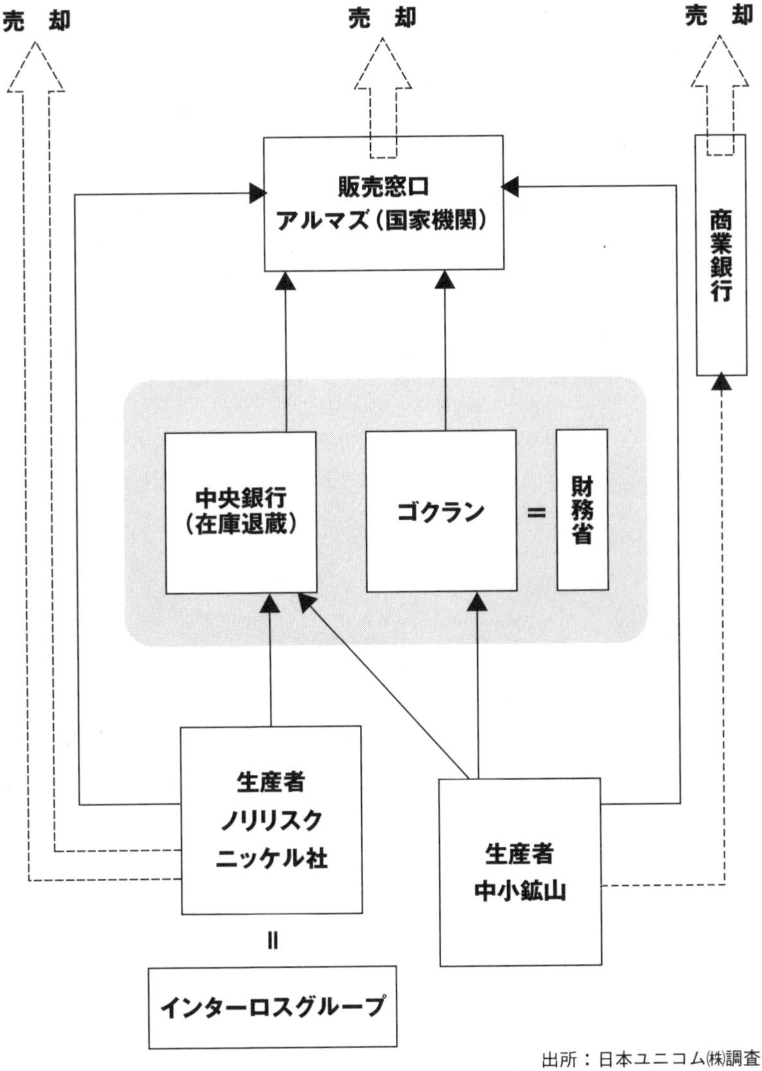


出所：日本ユニコム㈱調査部

輸出する際には「輸出割当の承認」「輸出許可の取得」の２つの手続きが必要です。

## ■WTO加盟で透明性が高まる見通し

ロシアのプーチン大統領は、2003年中に世界貿易機関（WTO）に加盟することを目指しています。その加盟条件のひとつとして白金族、宝石類の輸出自由化が求められています。そのため同国は、ノリリスク・ニッケル社が今後アルマズを経由しないで白金、パラジウムを消費国へ直接売却できるようなシステムの構築を目指しています。

ロシアの白金族の生産、在庫量の公式データは、国家機密なので発表されていません。今後WTO加盟を契機に供給システムの透明性が高まることが期待されます。

# Part3
# トレード実践編

## Part3「トレード実践編」について

Part 3は、金・銀・白金先物の過去5年の価格データを用いてシミュレーションした、実践的トレード手法例の紹介です。代表的な10の手法の有効性検証に加えて、推奨オリジナル手法を5つ紹介しています。

シミュレーションの結果、最も有効と思われる変数（パラメーター）は、図中に網掛けで示してあります。なお、全体的な結論を知りたいという方はQ70の図200〜図202をご覧ください。

過去のデータに対して有効だった手法が、今後の相場展開にも有効であるという保証はありません。しかし、商品相場にはそれぞれの銘柄（商品）独自の価格パターンがあり、そのパターンは繰り返されることが多いという経験則から、紹介した手法の多くは今後も有効でしょう。

# Q44

## 金・銀・白金は買い有利ですか、売り有利ですか？

**A　金と白金は買いが有利。銀はどちらでもありません。**

**一代棒データでシミュレーションしたところ、金と白金は買いが有利という結果が出ました。銀はどちらが有利ともいえません。**

### ■一代棒でシミュレーションをする

一代棒とは、一代（各限月の発会から納会まで）をひとつのローソク足で表現したものです。発会価格＜納会価格ならば陽線、逆ならば陰線となります。

図71～図76は、東京金、東京銀、東京白金の一代棒データを用いて、「各限月の発会寄付きで買い、その限月の納会値で転売する」というルールでシミュレーションした結果です。

検証は①1991年２月27日～2002年４月24日、②1996年２月27日～2002年４月24日、③1999年２月24日～2002年４月24日の３つの期間に分けて算出しました。

※1991年2月27日は1992年1月限の発会日、2002年4月24日は2002年4月限の納会日です。東工取の貴金属市場は、1999年9月28日から偶数月の６限月制となりました。

## ■金は1999年以降　買いが有利

金は、①と②の期間では売りが有利な状況でした。しかし、ワシントン合意が成立した1999年以降は、買い有利に転換しています。1999年9月につけた836円は、金の歴史的安値となる可能性が高いと考えられます。

銀については、売り買いどちらが有利ともいえない結果です。ただ、10ｇあたり130円台の価格水準では、非常に底固いという印象を受けます。

白金は3つの期間すべてにおいて、買いが有利との結果が示されました。特に2000年の限月は、ロシアの供給不安を受けたパラジウム価格の高騰につられて、軒並み大陽線となっています。

図71　金の「発会買い－納会売り」シミュレーション結果（単位：円）

| | 発会買い－納会売り | | 一代足の高低差 | | |
|---|---|---|---|---|---|
| | 損益 | 勝敗（勝率） | 平均 | 最大 | 最小 |
| ①<br>1991/2/27~<br>2002/4/24 | -3,695,000 | 43勝66敗<br>39.45% | 195 | 415<br>（96年2月限） | 29<br>（96年9月限） |
| ②<br>1996/2/27~<br>2002/4/24 | -1,267,000 | 21勝28敗<br>42.86% | 197 | 396<br>（99年8月限） | 44<br>（97年1月限） |
| ③<br>1999/2/24~<br>2002/4/24 | 1,018,000 | 9勝5敗<br>64.29% | 232 | 361<br>（02年2月限） | 117<br>（01年4月限） |

注：手数料その他は考慮していない。1回のトレードで各限月1枚売買するものとする

図72　金の一代棒チャート（92年1月限から02年4月限）

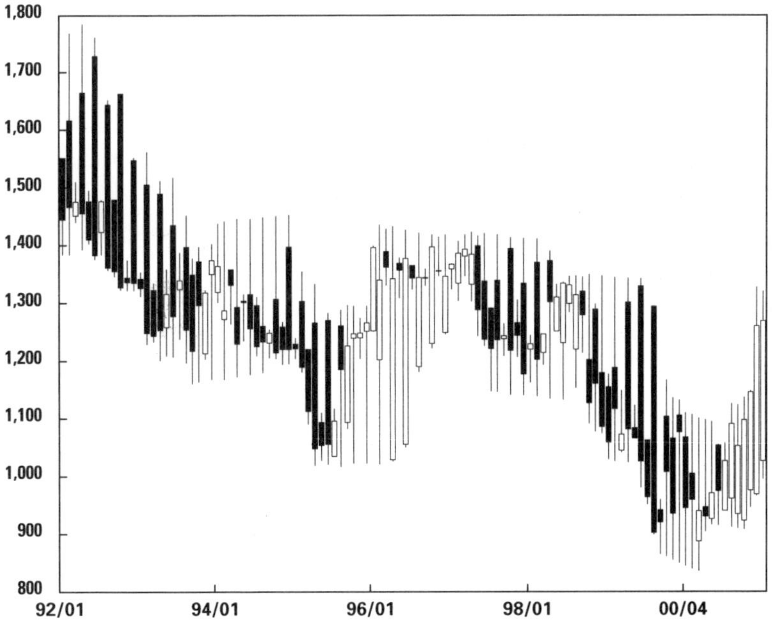

図73　銀の「発会買い－納会売り」シミュレーション結果（単位：円）

| | 発会買い－納会売り | | 一代足の高低差 | | |
|---|---|---|---|---|---|
| | 損益 | 勝敗（勝率） | 平均 | 最大 | 最小 |
| ① 1991/2/27~ 2002/4/24 | -610,200 | 55勝54敗 50.46% | 40.0 | 121.2 (98年2月限) | 4.9 (93年1月限) |
| ② 1996/2/27~ 2002/4/24 | 365,400 | 26勝23敗 53.06% | 44.6 | 121.2 (98年2月限) | 10.0 (99年7月限) |
| ③ 1999/2/24~ 2002/4/24 | -256,800 | 6勝8敗 42.86% | 29.9 | 47.5 (02年2月限) | 19.6 (01年4月限) |

注：手数料その他は考慮していない。1回のトレードで各限月1枚売買するものとする

図74　銀の一代棒チャート（92年1月限から02年4月限）

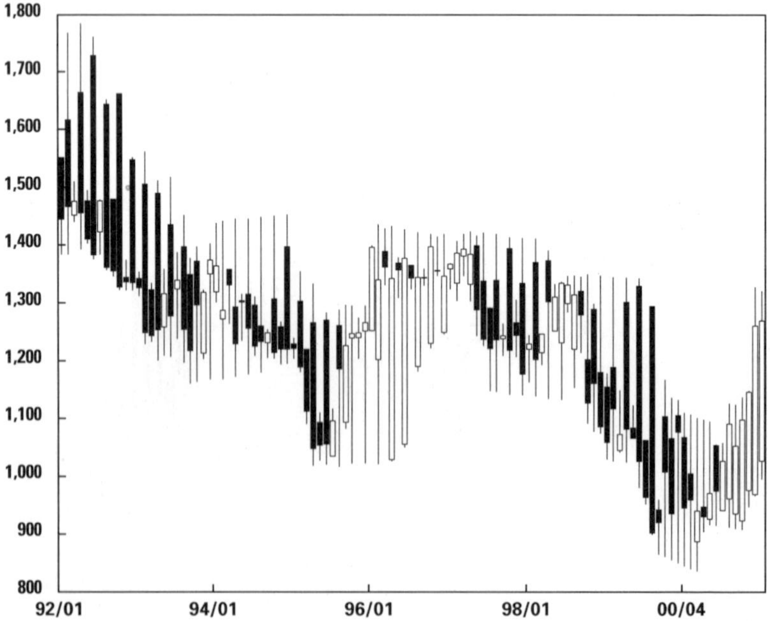

図75　白金の「発会買い－納会売り」シミュレーション結果（単位：円）

| | 発会買い－納会売り | | 一代足の高低差 | | |
|---|---|---|---|---|---|
| | 損益 | 勝敗（勝率） | 平均 | 最大 | 最小 |
| ①<br>1991/2/27~<br>2002/4/24 | 2,753,000 | 55勝54敗<br>50.46% | 326 | 1,267<br>(01年4月限) | 31<br>(96年9月限) |
| ②<br>1996/2/27~<br>2002/4/24 | 3,729,500 | 30勝19敗<br>61.22% | 477 | 1,267<br>(01年4月限) | 48<br>(97年1月限) |
| ③<br>1999/2/24~<br>2002/4/24 | 3,052,500 | 10勝4敗<br>71.43% | 922 | 1,267<br>(01年4月限) | 768<br>(00年4月限) |

注：手数料その他は考慮していない。1回のトレードで各限月1枚売買するものとする

図76　白金の一代棒チャート（92年1月限から02年4月限）

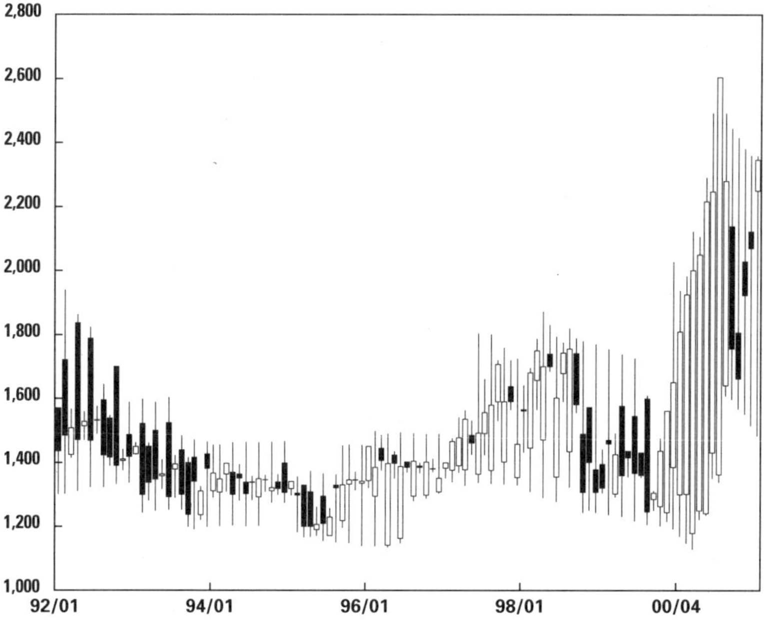

# Q45

## 1円の円安(高)で円建て金・銀・白金価格はどれだけ影響を受けますか?

**A　金は10円/g、銀は1.6円/10g、白金は17円/g変動します。**

**たとえば、為替レートが1ドル＝125円のときにドルが1円動けば、金は約10円/g、銀は約1円60銭/g、白金は約17円/g変動することになります。円安で上昇し、円高で下落します。**

■金の輸入換算式

まず、1円の円安（高）で、金がどれだけ影響を受けるかを計算してみましょう。

ＮＹ金価格が300ドル/TOZの場合で、為替レートが1ドル＝124円のとき、

(300ドル/TOZ＋1ドル［輸入諸掛］)

÷31.1035（グラム換算）×124円＝1,200円/g………①

為替レートが1ドル＝125円となれば、

(300ドル/TOZ＋1ドル［輸入諸掛］)

÷31.1035（グラム換算）×125円＝1,210円/g………②

②−①＝10円/g

このように円建て金価格は、ＮＹ金価格が300ドル/TOZのときであれば、為替レート１円の円安で約10円高となり、１円の円高で約10円安となるわけです。

金の輸入採算式は、次の通りです。

（ＮＹ金価格＋輸入諸掛）÷ 31.1035 × 為替レート ＝ 円／g
ドル/TOZ（1ドル）　グラム換算

## ■銀の輸入換算式

円建て銀価格の輸入採算式は次の通りです。

（ＮＹ銀価格＋輸入諸掛）÷ 311.035 × 為替レート ＝ 円／10g
セント/TOZ（13セント）10グラム換算

これをもとに、具体的に計算してみます。

ＮＹ銀価格が480セント／TOZで、為替が１ドル＝124円のとき、

（480セント／TOZ＋13セント［輸入諸掛］）
÷311.035（グラム換算）×124円＝196.5円／10g　…①

為替が１ドル＝125円となれば、

（480セント／TOZ＋13セント［輸入諸掛］）
÷311.035（グラム換算）×125円＝198.1円／10g　…②

②－①＝1.6円／10g

このように円建て銀価格は、ＮＹ銀価格が480セント/TOZのときであれば、為替レート１円の円安で約１円60銭高となり、１円の円高で約１円60銭安となるわけです。

## ■白金の輸入換算式

円建て白金の輸入換算式は金の輸入換算式と同じです。

金と同じように具体的に計算してみましょう。

ＮＹ白金価格が550ドル／TOZで、為替が１ドル＝124円のとき、

（550ドル／TOZ＋1ドル［輸入諸掛］）

÷31.1035（グラム換算）×124円＝2,197円／g………①

為替が１ドル＝125円となれば、

（550ドル／TOZ＋1ドル［輸入諸掛］）

÷31.1035（グラム換算）×125円＝2,214円／g………②

②−①＝17円／g

このように円建て白金価格は、ＮＹ白金価格が550ドル/TOZのときであれば、為替レート１円の円安で約17円高となり、１円の円高で約17円安となるわけです。

図77〜図78に、それぞれの輸入換算早見表を掲載しました。参考にしてください。

図77　金・白金の輸入換算早見表

| NY価格 | 100円 | 110円 | 120円 | 130円 | 140円 | 150円 |
|---|---|---|---|---|---|---|
| 300ドル/TOZ | 968 | 1,065 | 1,161 | 1,258 | 1,355 | 1,452 |
| 350ドル/TOZ | 1,128 | 1,241 | 1,354 | 1,467 | 1,580 | 1,693 |
| 400ドル/TOZ | 1,289 | 1,418 | 1,547 | 1,676 | 1,805 | 1,934 |
| 450ドル/TOZ | 1,450 | 1,595 | 1,740 | 1,885 | 2,030 | 2,175 |
| 500ドル/TOZ | 1,611 | 1,772 | 1,933 | 2,094 | 2,255 | 2,416 |
| 600ドル/TOZ | 1,932 | 2,125 | 2,319 | 2,512 | 2,705 | 2,898 |
| 650ドル/TOZ | 2,093 | 2,302 | 2,512 | 2,721 | 2,930 | 3,140 |

図78　銀の輸入換算早見表

| NY価格 | 100円 | 110円 | 120円 | 130円 | 140円 | 150円 |
|---|---|---|---|---|---|---|
| 420セント/TOZ | 139.2 | 153.1 | 167.1 | 181.0 | 194.9 | 208.8 |
| 440セント/TOZ | 145.6 | 160.2 | 174.8 | 189.3 | 203.9 | 218.5 |
| 460セント/TOZ | 152.1 | 167.3 | 182.5 | 197.7 | 212.9 | 228.1 |
| 480セント/TOZ | 158.5 | 174.4 | 190.2 | 206.1 | 221.9 | 237.8 |
| 500セント/TOZ | 164.9 | 181.4 | 197.9 | 214.4 | 230.9 | 247.4 |
| 520セント/TOZ | 171.4 | 188.5 | 205.6 | 222.8 | 239.9 | 257.0 |
| 540セント/TOZ | 177.8 | 195.6 | 213.4 | 231.1 | 248.9 | 266.7 |

# Q46

## 金価格の平均的な上下幅を教えてください

**A　1日平均約8円（8,000円/枚）の上下幅があります。**

### ■1日の上下幅は10円以下の日が約8割

1992年1月6日～2002年5月31日（約10年5カ月）の東京金の1日の平均的な上下幅は、1gあたり8円（標準偏差は5円）です。金の倍率は1,000倍なので、1枚あたり8,000円の上下幅があったということです。

1日の上下幅が最も大きかったのは1999年9月30日で、なんと63円もの上下幅がありました。しかし通常は比較的おとなしい動きで、1日の上下幅は約82％が10円以下の範囲に含まれます。また、30円以上の上下幅があった日は全体の約0.4％となっています。

同様に、1週間の上下幅は平均28円（標準偏差17円）、1カ月では平均70円（標準偏差37円）、1年では平均237円（標準偏差54円）となります。

### ■True Range（トゥルーレンジ）とは？

1日の上下幅に加えて、前日の終値との比較も加えた上下幅をみてみます。この考え方をTrue Range（トゥルーレンジ）といいます。

図79　東京金先限の1日の上下幅（1992/1/6～2002/5/31）

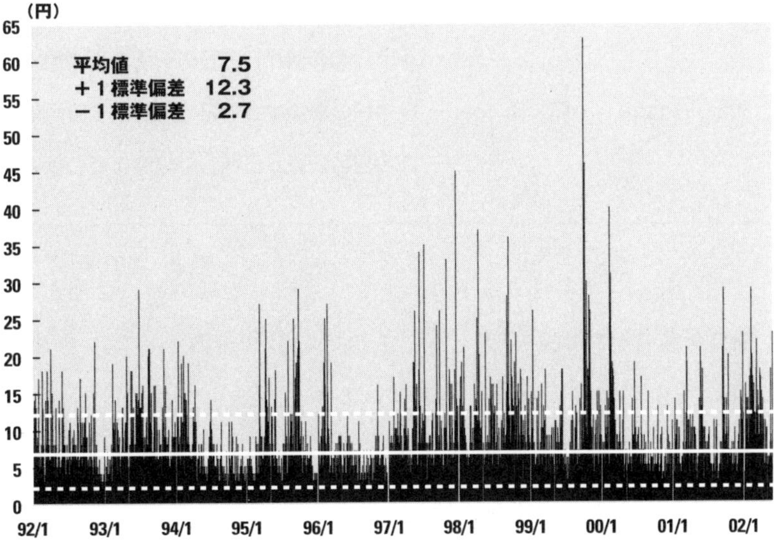


図80　東京金先限の上下幅の平均　（円／g）

| 期　間 | 1日 | 1週 | 1ヵ月 |
|---|---|---|---|
| 1992年1月6日～2002年5月31日平均 | 7.5 | 28.4 | 70.2 |
| 最近1年（2001/6/1～2002/5/31）平均 | 8.2 | 29.6 | 71.4 |
| 最近6カ月（2001/12/3～2002/5/31）平均 | 10.0 | 36.0 | 88.3 |

図81　True Range（トゥルーレンジ）

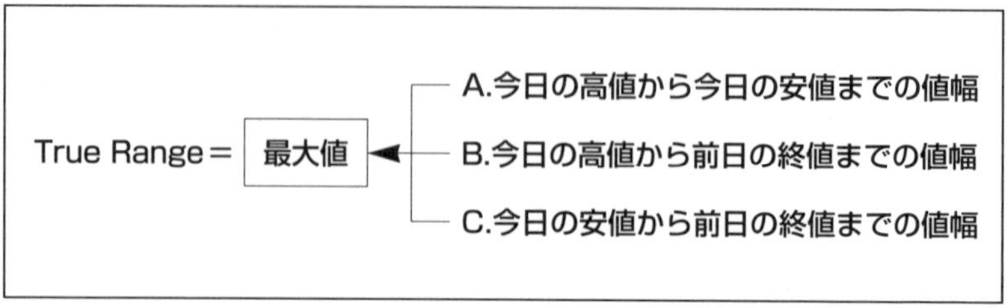


True Rangeは1日の上下幅である「高値と安値の差」に加えて、「高値と前日の終値との差」と「安値と前日の終値との差」の3つの値のなかで一番大きなものをいいます（図81)。

## ■東京金のTrue Rangeは約12円

図82と図83をみてください。東京金のTrue Rangeの平均値は12円（1日の上下幅の平均値は8円）になり、標準偏差は8円（1日の上下幅の標準偏差は5円）となっています。

図82　東京金先限の1日のTrue Range（1992/1/6～2002/5/31）

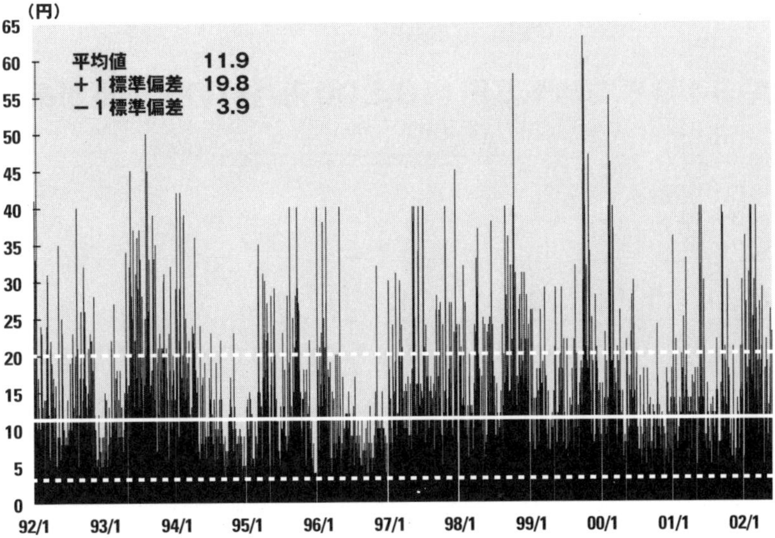


図83　東京金先限のTrue Rangeの平均　（円／g）

| 期　間 | 1日 | 1週 | 1ヵ月 |
|---|---|---|---|
| 1992年1月6日～2002年5月31日平均 | 11.9 | 30.5 | 71.1 |
| 最近1年（2001/6/1～2002/5/31）平均 | 12.5 | 31.9 | 72.2 |
| 最近6カ月（2001/12/3～2002/5/31）平均 | 15.3 | 39.2 | 89.7 |

# Q47

## 銀価格の平均的な上下幅を教えてください

**A　1日平均約1.8円（10,800円/枚）の上下幅があります。**

### ■１日の上下幅は２円以下の日が約７割

1992年１月６日～2002年５月31日（約10年５カ月）の東京銀の１日の平均的な上下幅は、10ｇあたり1.8円（標準偏差は1.2円）です。銀の倍率は6,000倍なので、１枚あたり10,800円となります。

１日の上下幅が最も大きかったのは1997年12月17日で、20.5円でした。１日の上下幅の約69％が、２円以下の範囲に含まれます。

同様に、１週間の上下幅は平均6.5円（標準偏差3.9円）、１カ月では平均15.9円（標準偏差8.7円）、１年では平均50.7円（標準偏差26.5円）となります。

### ■東京銀のTrue Rangeは約2.8円

東京銀のTrue Rangeの平均値は2.8円（１日の上下幅の平均値は1.8円）になり、標準偏差は1.9円（１日の上下幅の標準偏差は1.2円）となっています。

図84　東京銀先限の1日の上下幅（1992/1/6～2002/5/31）

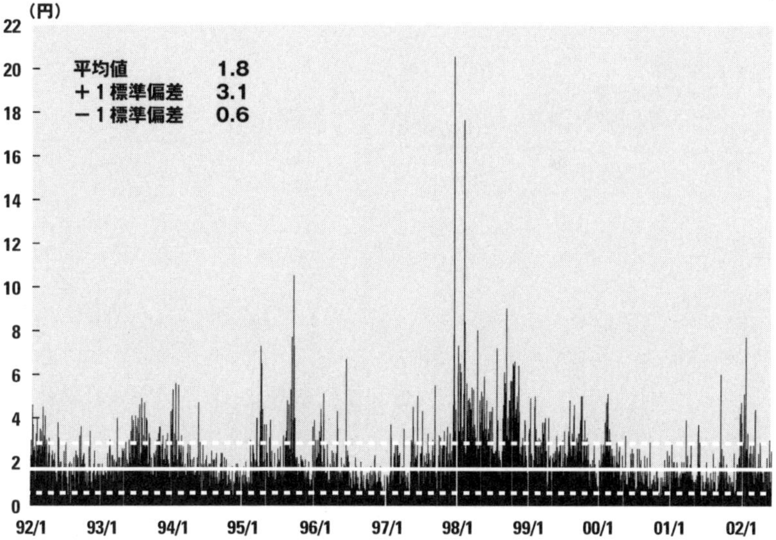


図85　東京銀先限の上下幅の平均

（円／10g）

| 期　間 | 1日 | 1週 | 1ヵ月 |
|---|---|---|---|
| 1992年1月6日～2002年5月31日平均 | 1.8 | 6.5 | 15.9 |
| 最近1年（2001/6/1～2002/5/31）平均 | 1.4 | 5.4 | 13.6 |
| 最近6カ月（2001/12/3～2002/5/31）平均 | 1.8 | 6.4 | 16.8 |

図86　東京銀先限の1日のTrue Range（1992/1/6～2002/5/31）

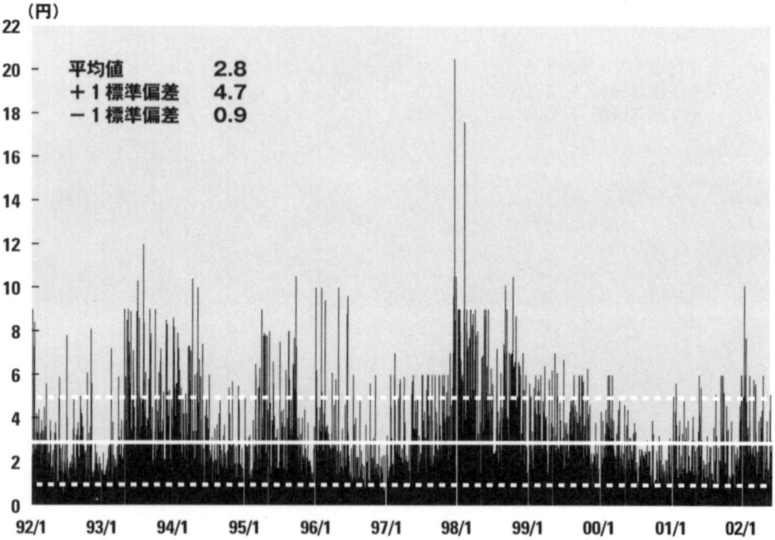


図87　東京銀先限のTrue Rangeの平均

（円／10g）

| 期　間 | 1日 | 1週 | 1ヵ月 |
|---|---|---|---|
| 1992年1月6日～2002年5月31日平均 | 2.8 | 7.0 | 16.2 |
| 最近1年（2001/6/1～2002/5/31）平均 | 2.2 | 5.9 | 13.7 |
| 最近6カ月（2001/12/3～2002/5/31）平均 | 2.7 | 6.9 | 16.8 |

# Q48

## 白金価格の平均的な上下幅を教えてください

**A　1日平均約18円（9,000円/枚）の上下幅があります。ただし、最近1年では約32円となっています。**

### ■1日の上下幅は20円以下の日が約7割

1992年1月6日～2002年5月31日（約10年5カ月）の東京白金の1日の平均的な上下幅は、1gあたり18円（標準偏差は15円）です。白金の倍率は500倍なので、1枚あたり9,000円となります。ただし、最近1年の上下幅の平均は32円（標準偏差は18円）となっており、ボラティリティが増大しています。

1日の上下幅が最も大きかったのは2000年2月22日で、134円でした。1日の上下幅の約70％が20円以下の範囲に含まれます。

同様に、1週間の上下幅は平均52円（標準偏差38円）、1カ月では平均121円（標準偏差75円）、1年では平均418円（標準偏差288円）となります。

### ■東京白金のTrue Rangeは約23円

東京白金のTrue Rangeの平均値は23円（1日の上下幅の平均値は18円）になり、標準偏差は17円（1日の上下幅の標準偏差は15円）となっています。

図88　東京白金先限の1日の上下幅（1992/1/6〜2002/5/31）

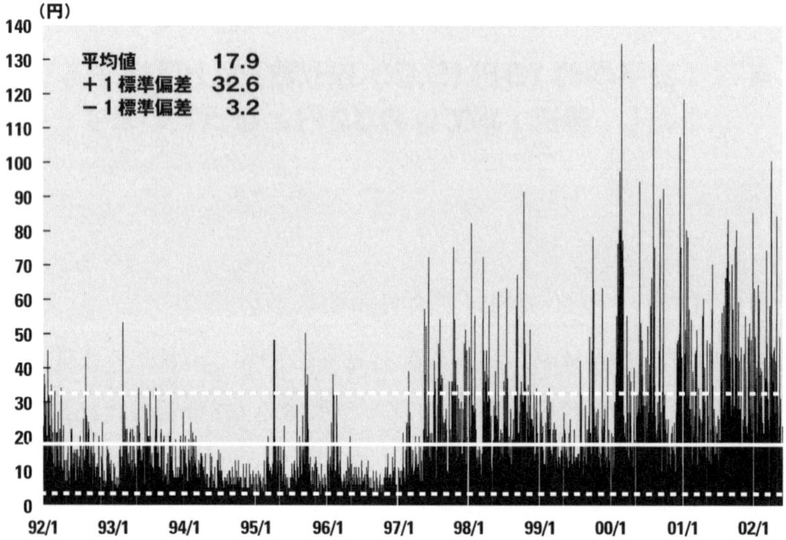


図89　東京白金先限の上下幅の平均

（円／g）

| 期　間 | 1日 | 1週 | 1ヵ月 |
|---|---|---|---|
| 1992年1月6日〜2002年5月31日平均 | 17.9 | 52.3 | 120.8 |
| 最近1年（2001/6/1〜2002/5/31）平均 | 32.1 | 95.9 | 214.1 |
| 最近6カ月（2001/12/3〜2002/5/31）平均 | 33.1 | 93.2 | 194.0 |

ここ1年でみると平均値は41円（標準偏差は21円）となっており、やはり最近はボラティリティが増大基調となっていることがわかります。

図90　東京白金先限の１日のTrue Range（1992/1/6～2002/5/31）

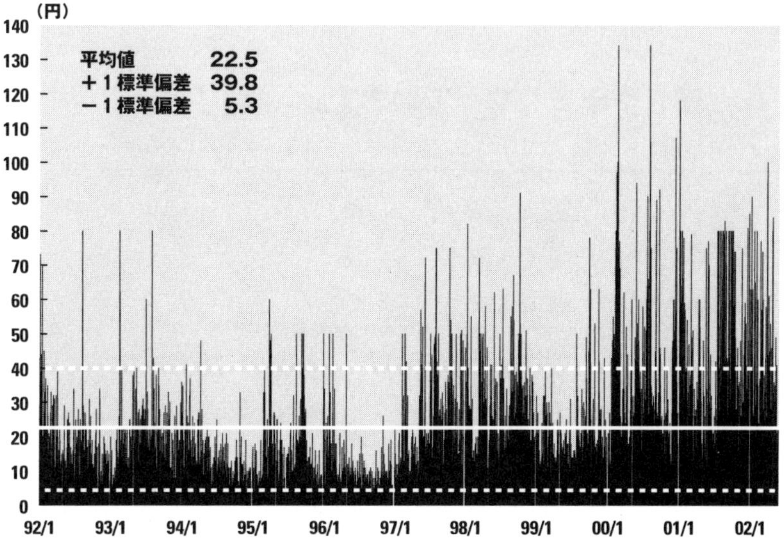


図91　東京白金先限のTrue Rangeの平均

（円／g）

| 期　間 | 1日 | 1週 | 1ヵ月 |
|---|---|---|---|
| 1992年1月6日～2002年5月31日平均 | 22.5 | 54.0 | 122.2 |
| 最近1年（2001/6/1～2002/5/31）平均 | 40.5 | 100.0 | 216.3 |
| 最近6カ月（2001/12/3～2002/5/31）平均 | 40.5 | 96.4 | 197.8 |

# Q49

## 通常、金のさやの状態はどうなっていますか？

**A　逆ざやが多くなっています。**

### ■過去５年間では６割以上が逆ざや

図92をみてください。過去５年間（1997年６月～2002年５月）における、金のさや関係を調べたものです。

最も現物に近い１番限（当限）と２番限の差で調べると、約62％の期間が逆ざやでした。一方、最も出来高の多い５番限と６番限（先限）の差で調べると約93％の期間で逆ざやとなり、逆ざやの割合が高くなっています。

また1992年１月６日以来、過去10年５カ月のデータで調べたところ、図93の通り１－２番限の逆ざやは約47％、５－６番限の逆ざやは約60％となっています。

### ■東工取は1995年から「逆ざや」に

ＮＹ金先物市場の当限－先限のさやは、先限に金利分が上乗せされるため、常に順ざやで推移しています。

日米の金利差は先物の金利レートに反映され、日本の金利が米国より高いときは円高になります。逆に米国より高いときは円安にな

図92　東京金の過去5年間のさや関係（1997/6/2～2002/5/31）

| | データ総数 | 逆ざや | 順ざや | 同ざや | 期間 |
|---|---|---|---|---|---|
| 1番限－2番限 | 1,223 | 757<br>(61.9%) | 316<br>(25.8%) | 150<br>(12.3%) | 1997/6/2～2002/5/31 |
| 5番限－6番限 | 1,223 | 1,133<br>(92.6%) | 27<br>(2.2%) | 63<br>(5.2%) | 1997/6/2～2002/5/31 |

図93　東京金の1992年1月以来のさや関係（1992/1/6～2002/5/31）

| | データ総数 | 逆ざや | 順ざや | 同ざや | 期間 |
|---|---|---|---|---|---|
| 1番限－2番限 | 2,555 | 1,188<br>(46.5%) | 1,086<br>(42.5%) | 281<br>(11.0%) | 1992/1/6～2002/5/31 |
| 5番限－6番限 | 2,555 | 1,526<br>(59.7%) | 877<br>(34.3%) | 152<br>(5.9%) | 1992/1/6～2002/5/31 |

図94　東京金の先限価格と5番限－6番限のさやの分布図

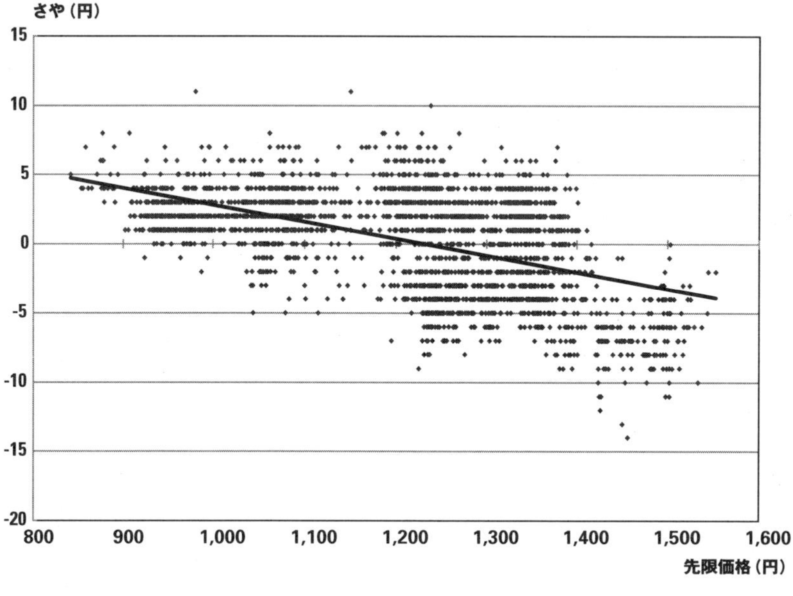

ります。

1995年以降、この金利差による先物の円高効果がＮＹ市場の順ざや幅を上回っているため、東工取の金先物市場は逆ざやになっています。

## ■逆ざやの幅の平均は約３円

グラフは、金の先限価格と５番限－６番限（先限）のさやの関係を示したものです。右肩下がりの回帰直線が描けることから、価格が高いときに逆ざや幅が小さくなる傾向が示されました。逆ざやの幅の平均は、約３円となっています。

# Q50

## 通常、銀のさやの状態はどうなっていますか?

**A　最近では逆ざや傾向が強まっています。**

### ■過去5年は6～8割の期間で逆ざや

過去5年間（1997年6月～2002年5月）の銀のさや関係を調べてみました。最も現物に近い1番限（当限）と2番限の差で調べてみると約59％の期間が逆ざやでした。一方、最も出来高の多い5番限と6番限（先限）の差で調べてみると約82％の期間で逆ざやとなっています。

また1992年1月6日以来、過去10年5カ月のデータで調べたところ、図96の通り1－2番限の逆ざやは約41％、5－6番限の逆ざやは約53％となっています。

### ■逆ざやの幅の平均は約1.1円

グラフは、銀の先限価格と5番限－6番限（先限）のさやの関係を示したものです。右肩上がりの回帰直線が描けることから、価格が高いときに逆ざや幅が大きくなる傾向が示されました。逆ざやの幅の平均は、約1.1円となっています。

図95　東京銀の過去5年間のさや関係（1997/6/2～2002/5/31）

| | データ総数 | 逆ざや | 順ざや | 同ざや | 期間 |
|---|---|---|---|---|---|
| 1番限－2番限 | 1,222 | 715<br>(58.5%) | 409<br>(33.5%) | 98<br>(8.0%) | 1997/6/2～2002/5/31<br>（2002/2/21を除く） |
| 5番限－6番限 | 1,223 | 998<br>(81.6%) | 176<br>(14.4%) | 49<br>(4.0%) | 1997/6/2～2002/5/31 |

図96　東京銀の1992年1月以来のさや関係（1992/1/6～2002/5/31）

| | データ総数 | 逆ざや | 順ざや | 同ざや | 期間 |
|---|---|---|---|---|---|
| 1番限－2番限 | 2,554 | 1,043<br>(40.8%) | 1,322<br>(51.8%) | 189<br>(7.4%) | 1992/1/6～2002/5/31<br>（2002/2/21を除く） |
| 5番限－6番限 | 2,555 | 1,349<br>(52.8%) | 1,102<br>(43.1%) | 104<br>(4.1%) | 1992/1/6～2002/5/31 |

図97　東京銀の先限価格と5番限－6番限のさやの分布図

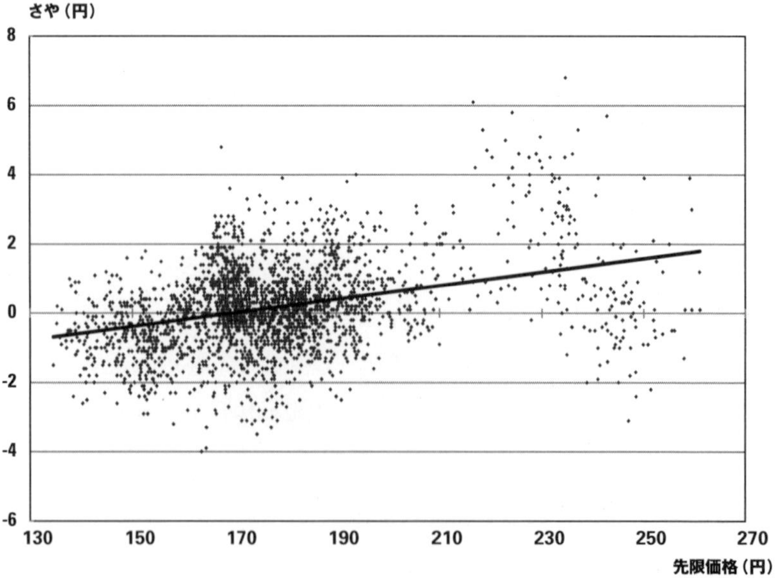

# Q51

## 通常、白金のさやの状態はどうなっていますか？

**A　圧倒的に逆ざやの状態が多くなっています。**

### ■過去5年の5－6番限は98％が逆ざや

過去5年間（1997年6月～2002年5月）の白金のさや関係を調べてみました。最も現物に近い1番限（当限）と2番限の差で調べてみると約87％の期間が逆ざやでした。一方、最も出来高の多い5番限と6番限（先限）の差で調べてみると約98％の期間で逆ざやとなっています。

また1992年1月6日以来、過去10年5カ月のデータで調べたところ、図99の通り1－2番限の逆ざやは約68％、5－6番限の逆ざやは約75％となっています。

### ■逆ざやの幅の平均は約21円

図100のグラフは、白金の先限価格と5番限－6番限（先限）のさやの関係を示したものです。右肩上がりの回帰直線が描けることから、価格が高いときに逆ざや幅が大きくなる傾向が示されました。逆ざやの幅の平均は、約21円となっています。

図98　東京白金の過去5年間のさや関係（1997/6/2〜2002/5/31）

| | データ総数 | 逆ざや | 順ざや | 同ざや | 期間 |
|---|---|---|---|---|---|
| **1番限－2番限** | 1,223 | 1,065<br>(87.1%) | 131<br>(10.7%) | 27<br>(2.2%) | 1997/6/2〜2002/5/31 |
| **5番限－6番限** | 1,223 | 1,201<br>(98.2%) | 14<br>(1.1%) | 8<br>(0.7%) | 1997/6/2〜2002/5/31 |

図99　東京白金の1992年1月以来のさや関係（1992/1/6〜2002/5/31）

| | データ総数 | 逆ざや | 順ざや | 同ざや | 期間 |
|---|---|---|---|---|---|
| **1番限－2番限** | 2,555 | 1,738<br>(68.0%) | 665<br>(26.0%) | 152<br>(5.9%) | 1992/1/6〜2002/5/31 |
| **5番限－6番限** | 2,555 | 1,910<br>(74.8%) | 491<br>(19.2%) | 154<br>(6.0%) | 1992/1/6〜2002/5/31 |

図100 東京白金の先限価格と5番限－6番限のさやの分布図

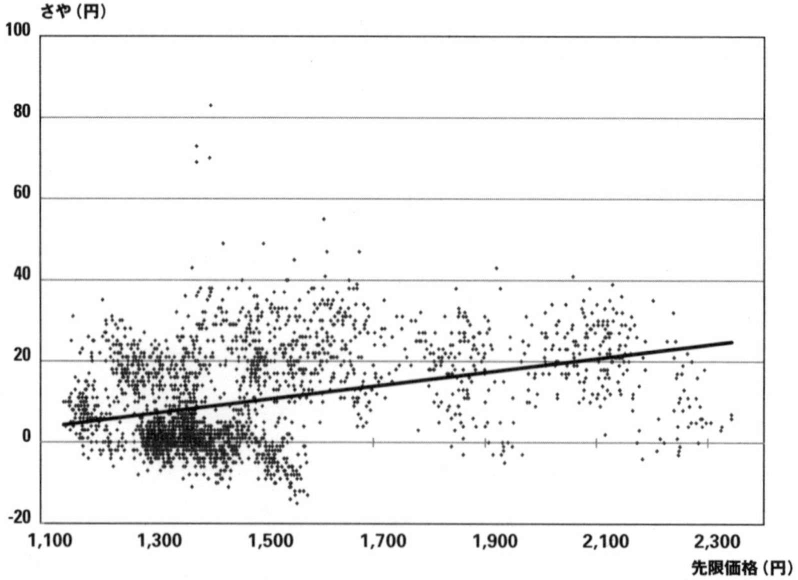

# Q52

## 貴金属先物取引で さや取り手法は有効ですか？

**A　有効とはいえません。**

### ■季節商品ではないため限月間さや取りは困難

金、銀、白金とも季節商品ではないため、限月間のさやは大きく変動しません。一番流動性が高い5番限・6番限（先限）での関係でみると、さやの1日の変動幅は、金で約1.5円、銀で約0.7円、白金で約3.5円となっています。これでは限月間スプレッドで利益を得るのは困難です。

### ■商品間のさや取りも難しい

それでは、それぞれの商品間でのさや取りならどうでしょう？

残念ながら、やはりこれもルール化するのは難しいでしょう。まず問題となるのは、石油製品のように取引単位（倍率）が同じではないということです（金は1,000倍、銀は6,000倍、白金は500倍）。単純に同じ枚数でさや取りを行うわけにはいかないのです。また、3品間でボラティリティや流動性に大きな違いがあるのも障害となります。

図101は、金・白金の先限つなぎ足と、白金ー金のさやを並べた

図101 東京金・白金先限チャートとさやの関係

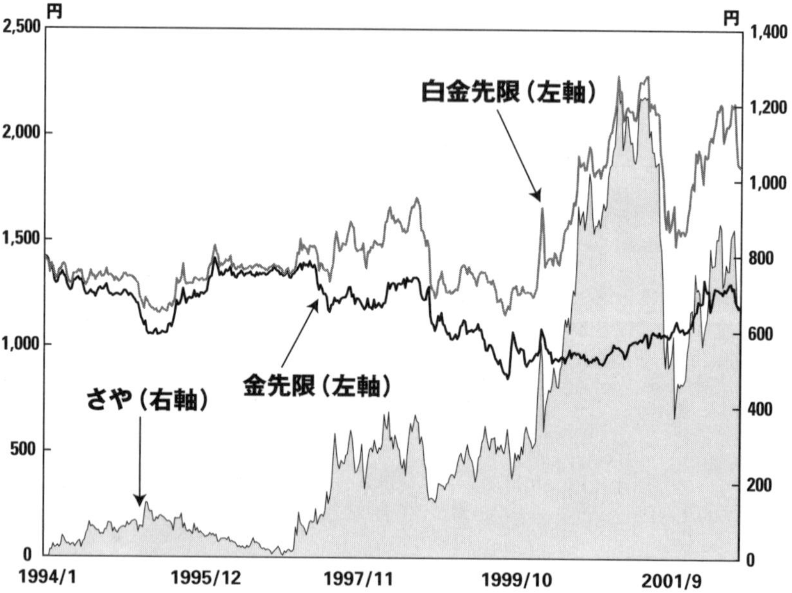


ものです。これをみると、さやの変化は、ボラティリティの高い白金の動きに左右されていることがわかります。これでは、白金を単独でトレードするのとあまり変わらず、あえてさや取りを行うメリットは小さいでしょう。

# Q53



## 金・銀・白金の
## 先限つなぎ足チャートは有効ですか？

**A　有効です。**

### ■さやすべり、さや出世はどうか？

図102～図104は、金・銀・白金それぞれの「先限つなぎ足」と「2002年４月限の一代足」のラインチャートを同時系列で重ね合わせたものです。

このチャートをみると、2002年４月限が新甫発会した初めの２カ月は先限＝一代足ですから、全く問題はありません。しかし、時間の経過とともに翌限月、翌々限月と順次発会していき、４月限は先限とのさやの分だけかい離していきます。この先限つなぎ足と一代足の価格差は、金では4.3円、銀では同0.85円、白金では同72.2円となりました。

### ■金・銀のさやのかい離は無視できる

このように金・銀に関してはさやの開きはほとんどなく、先限つなぎ足は厳密にいえば問題はありますが有効といえるでしょう。

白金についても、当限に近いところではさやの開きが若干大きくなりますが、新甫発会してから半年間はその程度も小さく、大きな

図102 東京金2002年4月限と同期間の先限つなぎ足

図103 東京銀2002年4月限と同期間の先限つなぎ足

図104 東京白金2002年4月限と同期間の先限つなぎ足

問題とはならないでしょう。

したがって、次の項目以降で述べていくテクニカルツールの検証等は、先限つなぎ足をベースにしてプログラムを適用しています。

# Q54

## 代表的なトレード手法は有効ですか？
## 検証① 単純移動平均

**A　白金で有効です。**
**短期手仕舞い手法なら銀でも有効です。**

### ■移動平均線とは？

移動平均線とは、当日を含めて過去ｎ日間の価格の平均値をつなぎあわせたものをいいます。

図105 東京金先限つなぎ足チャートと移動平均線

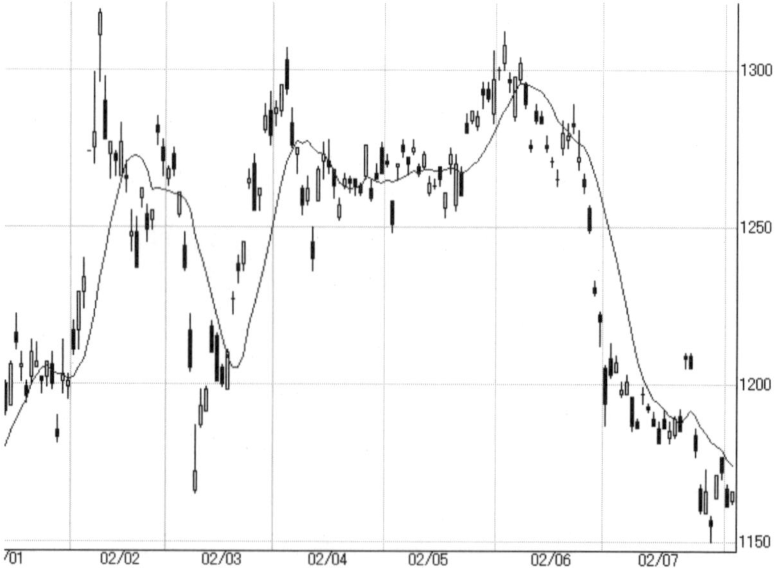

たとえば、10日間移動平均は、今日を含めた直近10日間の価格を合計し、日数（10）で割ることによって算出します。移動平均ですから、翌日には新しい価格を加えると同時に、最も古い日の価格を除いて再計算します。

移動平均線は、雑誌や書籍などの、さまざまなところでみることができます。最も一般的な指標といえるでしょう。

## ■移動平均線によるトレードルール

移動平均線によるトレーディングは、次に挙げるルールで行いました。

**＜買いルール＞**

**◎仕掛け**

**・終値がｎ日移動平均を３日連続で上回ったら翌日寄り付きで買い**

**ｎ＝10,20,35,50,65,125**

**◎手仕舞（リバーシング（ドテン）すると規定）**

**・終値がｎ日移動平均を３日連続で下回ったら翌日寄り付きで転売**

**ｎ＝10,20,35,50,65,125**

**＜売りルール＞**

**◎仕掛け**

**・終値がｎ日移動平均を３日連続で下回ったら翌日寄り付きで売り**

**ｎ＝10,20,35,50,65,125**

◎手仕舞（リバーシング（ドテン）すると規定）

・終値がn日移動平均を3日連続で上回ったら翌日寄り付きで買戻し

n＝10,20,35,50,65,125

## ■パフォーマンス

シミュレーションの結果は、図106～図108の通りです。

損益は、金が−689,000円～−115,000円、銀が−597,600円～867,000円、白金が531,000円～925,500円となり、特に白金で良好な結果が得られました。逆に金では損益がすべてマイナスとなり、この手法は機能しないという結果がでています。

図106 移動平均線によるトレードのシミュレーション(東京金)

| 検証データ：東京金先限つなぎ足 | | | | | | 1997/6/1～2002/5/31 |
|---|---|---|---|---|---|---|
| ルール | | 損益 | 勝敗(勝率) | 最大勝ちトレード | 最大負けトレード | 最大ドローダウン |
| 買い | 終値>10日MAが3日続く | -259,000 | 29勝61敗 32.22% | 165,000 | -91,000 | -359,000 |
| 売り | 終値<10日MAが3日続く | | | | | |
| 買い | 終値>20日MAが3日続く | -689,000 | 21勝47敗 30.88% | 85,000 | -175,000 | -700,000 |
| 売り | 終値<20日MAが3日続く | | | | | |
| 買い | 終値>35日MAが3日続く | -363,000 | 16勝34敗 32.00% | 94,000 | -148,000 | -445,000 |
| 売り | 終値<35日MAが3日続く | | | | | |
| 買い | 終値>50日MAが3日続く | -241,000 | 10勝24敗 29.41% | 115,000 | -116,000 | -284,000 |
| 売り | 終値<50日MAが3日続く | | | | | |
| 買い | 終値>65日MAが3日続く | -144,000 | 8勝20敗 28.57% | 142,000 | -53,000 | -222,000 |
| 売り | 終値<65日MAが3日続く | | | | | |
| 買い | 終値>125日MAが3日続く | -115,000 | 7勝12敗 36.84% | 108,000 | -77,000 | -204,000 |
| 売り | 終値<125日MAが3日続く | | | | | |

注1：手数料その他は考慮していない。1回のトレードで1枚売買するものとする
注2：手仕舞いルールはリバーシング（ドテン）するものとする
注3：MAはmoving average（移動平均）の略

図107 移動平均線によるトレードのシミュレーション（東京銀）

検証データ：東京銀先限つなぎ足　1997/6/1～2002/5/31

| ルール | | 損益 | 勝敗（勝率） | 最大勝ちトレード | 最大負けトレード | 最大ドローダウン |
|---|---|---|---|---|---|---|
| 買い | 終値＞10日MAが3日続く | 867,000 | 37勝41敗 47.44% | 259,200 | -53,400 | -281,400 |
| 売り | 終値＜10日MAが3日続く | | | | | |
| 買い | 終値＞20日MAが3日続く | -150,000 | 23勝35敗 39.66% | 232,200 | -176,400 | -569,400 |
| 売り | 終値＜20日MAが3日続く | | | | | |
| 買い | 終値＞35日MAが3日続く | -597,600 | 15勝33敗 31.25% | 141,000 | -116,400 | -643,200 |
| 売り | 終値＜35日MAが3日続く | | | | | |
| 買い | 終値＞50日MAが3日続く | -261,600 | 12勝32敗 27.27% | 294,600 | -82,800 | -684,000 |
| 売り | 終値＜50日MAが3日続く | | | | | |
| 買い | 終値＞65日MAが3日続く | 10,800 | 9勝31敗 22.50% | 293,400 | -84,600 | -600,000 |
| 売り | 終値＜65日MAが3日続く | | | | | |
| 買い | 終値＞125日MAが3日続く | -510,600 | 3勝33敗 8.33% | 219,000 | -80,400 | -692,400 |
| 売り | 終値＜125日MAが3日続く | | | | | |

注1：手数料その他は考慮していない。1回のトレードで1枚売買するものとする
注2：手仕舞いルールはリバーシング（ドテン）するものとする
注3：MAはmoving average（移動平均）の略

図108 移動平均線によるトレードのシミュレーション（東京白金）

| 検証データ：東京白金先限つなぎ足 | | | | 1997/6/1～2002/5/31 | | |
|---|---|---|---|---|---|---|
| ルール | | 損益 | 勝敗（勝率） | 最大勝ち トレード | 最大負け トレード | 最大ドロー ダウン |
| 買い | 終値＞10日MAが3日続く | 925,500 | 35勝49敗 41.67% | 232,500 | -73,500 | -214,000 |
| 売り | 終値＜10日MAが3日続く | | | | | |
| 買い | 終値＞20日MAが3日続く | 531,000 | 22勝30敗 42.31% | 224,500 | -64,500 | -235,000 |
| 売り | 終値＜20日MAが3日続く | | | | | |
| 買い | 終値＞35日MAが3日続く | 677,000 | 17勝18敗 48.57% | 222,500 | -65,000 | -108,000 |
| 売り | 終値＜35日MAが3日続く | | | | | |
| 買い | 終値＞50日MAが3日続く | 742,500 | 10勝17敗 37.04% | 273,000 | -42,000 | -115,500 |
| 売り | 終値＜50日MAが3日続く | | | | | |
| 買い | 終値＞65日MAが3日続く | 669,500 | 9勝11敗 45.00% | 270,500 | -92,500 | -217,500 |
| 売り | 終値＜65日MAが3日続く | | | | | |
| 買い | 終値＞125日MAが3日続く | 501,500 | 6勝6敗 50.00% | 404,000 | -49,000 | -117,500 |
| 売り | 終値＜125日MAが3日続く | | | | | |

注1：手数料その他は考慮していない。1回のトレードで1枚売買するものとする
注2：手仕舞いルールはリバーシング（ドテン）するものとする
注3：MAはmoving average（移動平均）の略

## ■短期の手仕舞いルールではどうか？

次に手仕舞いのルールを変更してみます。

商品ごとに損益が一番良好だったパラメータを用い、手仕舞いルールだけを変更してシミュレーションを行いました。新しい手仕舞

図109 移動平均線による短期トレードのシミュレーション（東京金）

| 検証データ：東京金先限つなぎ足 | | | | | | 1997/6/1〜2002/5/31 |
|---|---|---|---|---|---|---|
| ルール | | 損益 | 勝敗（勝率） | 最大勝ちトレード | 最大負けトレード | 最大ドローダウン |
| 買い | 終値>125日MAが3日続く | -53,000 | 91勝88敗<br>50.84% | 81,000 | -130,000 | -359,000 |
| 売り | 終値<125日MAが3日続く | | | | | |
| 手仕舞 | 5日後大引け | | | | | |
| 買い | 終値>125日MAが3日続く | 198,000 | 50勝53敗<br>48.54% | 177,000 | -148,000 | -306,000 |
| 売り | 終値<125日MAが3日続く | | | | | |
| 手仕舞 | 10日後大引け | | | | | |
| 買い | 終値>125日MAが3日続く | 28,000 | 27勝34敗<br>44.26% | 209,000 | -197,000 | -365,000 |
| 売り | 終値<125日MAが3日続く | | | | | |
| 手仕舞 | 20日後大引け | | | | | |

図110 移動平均線による短期トレードのシミュレーション（東京銀）

| 検証データ：東京銀先限つなぎ足 | | | | | | 1997/6/1〜2002/5/31 |
|---|---|---|---|---|---|---|
| ルール | | 損益 | 勝敗（勝率） | 最大勝ちトレード | 最大負けトレード | 最大ドローダウン |
| 買い | 終値>10日MAが3日続く | 928,200 | 104勝86敗<br>54.74% | 147,600 | -75,600 | -302,400 |
| 売り | 終値<10日MAが3日続く | | | | | |
| 手仕舞 | 5日後大引け | | | | | |
| 買い | 終値>10日MAが3日続く | 1,104,600 | 62勝64敗<br>49.21% | 198,600 | -91,800 | -236,400 |
| 売り | 終値<10日MAが3日続く | | | | | |
| 手仕舞 | 10日後大引け | | | | | |
| 買い | 終値>10日MAが3日続く | 907,200 | 42勝46敗<br>47.73% | 226,800 | -79,800 | -299,400 |
| 売り | 終値<10日MAが3日続く | | | | | |
| 手仕舞 | 20日後大引け | | | | | |

図111 移動平均線による短期トレードのシミュレーション（東京白金）

| 検証データ：東京白金先限つなぎ足 | | | | | | 1997/6/1～2002/5/31 |
|---|---|---|---|---|---|---|
| ルール | | 損益 | 勝敗（勝率） | 最大勝ちトレード | 最大負けトレード | 最大ドローダウン |
| 買い | 終値>10日MAが3日続く | | | | | |
| 売り | 終値<10日MAが3日続く | 1,057,000 | 103勝89敗<br>53.65% | 98,500 | -55,000 | -207,500 |
| 手仕舞 | 5日後大引け | | | | | |
| 買い | 終値>10日MAが3日続く | | | | | |
| 売り | 終値<10日MAが3日続く | 1,025,500 | 63勝70敗<br>47.37% | 157,500 | -73,500 | -285,500 |
| 手仕舞 | 10日後大引け | | | | | |
| 買い | 終値>10日MAが3日続く | | | | | |
| 売り | 終値<10日MAが3日続く | 995,000 | 45勝58敗<br>43.69% | 209,500 | -73,500 | -220,000 |
| 手仕舞 | 20日後大引け | | | | | |

注1：手数料その他は考慮していない。1回のトレードで1枚売買するものとする
注2：MAはmoving average（移動平均）の略
注3：網掛け部分は本シミュレーションのなかで筆者が最も有効と考えるルール

いルールは、以前のものに、①５日後の大引け、②10日後の大引け、③20日後の大引け、の３パターンをそれぞれ加え、より早く手仕舞いできる方を適用するというものです。

シミュレーション結果は図109～図111の通りです。

どの商品の結果も、損益・勝率ともに改善されています。とくに短期間での手仕舞いのパターンが良い結果を残しているようです。

図112 月次資金残高曲線例（銀：10日移動平均、10日後手仕舞ルール）

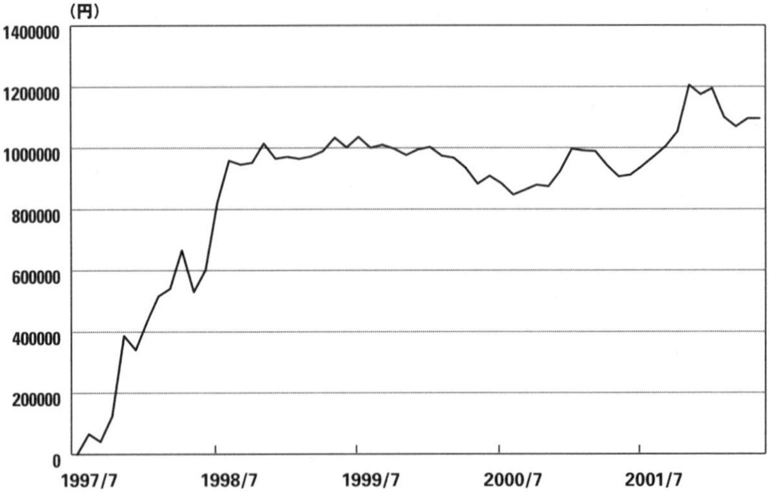


図113 月次資金残高曲線例（白金：10日移動平均、5日後手仕舞ルール）

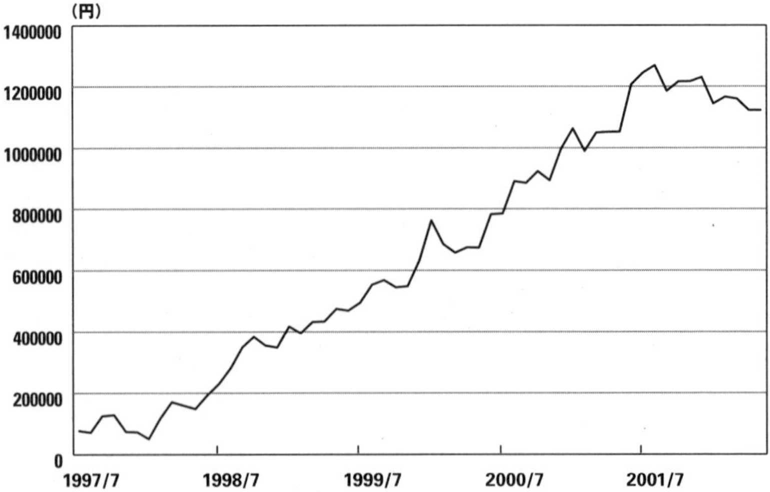

# Q55

# 代表的なトレード手法は有効ですか？ 検証② ボリンジャーバンド（逆張り）

**A　逆張りのボリンジャーバンドは、金、銀で有効です。**

## ■ボリンジャーバンドとは？

ボリンジャーバンドは、「移動平均」と「標準偏差」で構成されており、市場のボラィリティを測定します。

図114 東京金先限つなぎ足チャートとボリンジャーバンド

ボラティリティが高いときはバンドが広くなり、反対に低いときは狭くなります。

正規分布を前提とすれば、価格の67％が１標準偏差のバンド内に、95％が２標準偏差のバンド内に納まることになります。逆張り発想に立てば、２標準偏差の外に飛び出した価格を相場の行き過ぎとしてとらえ、その修正を狙う取引として仕掛けます。

ここでのシミュレーションは、20日移動平均線を用い、標準偏差が1.5、2、2.5、3の４つの組み合わせで検証してみました。

ボリンジャーバンド＝ｎ日移動平均±a×ｎ日標準偏差

## ■ボリンジャーバンドによる逆張りトレードルール

ボリンジャーバンドによる逆張りのトレーディングは、次に挙げるルールで行いました。

**<買いルール>**

**◎仕掛け**

**・終値が20日ＭＡの－1.5（2.0・2.5・3.0）標準偏差を下抜けたら、翌日寄り付きで買い**

**◎手仕舞（リバーシング（ドテン）すると規定）**

**・終値が20日ＭＡの＋1.5（2.0・2.5・3.0）標準偏差を上抜けたら、翌日寄り付きで転売**

**<売りルール>**

**◎仕掛け**

・終値が20日ＭＡの＋1.5（2.0・2.5・3.0）標準偏差を上抜けたら、翌日寄り付きで売り

**◎手仕舞（リバーシング（ドテン）すると規定）**

・終値が20日ＭＡの－1.5（2.0・2.5・3.0）標準偏差を下抜けたら、翌日寄り付きで買戻し

## ■パフォーマンス

シミュレーション結果は図115～図117の通りです。

図115 ボリンジャーバンドによる逆張りトレードのシミュレーション（東京金）

検証データ：東京金先限つなぎ足　1997/6/1～2002/5/31

| ルール | | 損益 | 勝敗（勝率） | 最大勝ちトレード | 最大負けトレード | 最大ドローダウン |
|---|---|---|---|---|---|---|
| 買い | 終値＜20日ＭＡの－1.5標準偏差 | 290,000 | 24勝15敗 61.54% | 127,000 | -132,000 | -297,000 |
| 売り | 終値＞20日ＭＡの＋1.5標準偏差 | | | | | |
| 買い | 終値＜20日ＭＡの－2.0標準偏差 | 470,000 | 20勝9敗 68.97% | 148,000 | -115,000 | -281,000 |
| 売り | 終値＞20日ＭＡの＋2.0標準偏差 | | | | | |
| 買い | 終値＜20日ＭＡの－2.5標準偏差 | 408,000 | 11勝3敗 78.57% | 173,000 | -226,000 | -363,000 |
| 売り | 終値＞20日ＭＡの＋2.5標準偏差 | | | | | |
| 買い | 終値＜20日ＭＡの－3.0標準偏差 | 257,000 | 2勝1敗 66.67% | 159,000 | -60,000 | -210,000 |
| 売り | 終値＞20日ＭＡの＋3.0標準偏差 | | | | | |

図116 ボリンジャーバンドによる逆張りトレードのシミュレーション（東京銀）

| 検証データ：東京銀先限つなぎ足 | | | | 1997/6/1～2002/5/31 | | |
|---|---|---|---|---|---|---|
| ルール | | 損益 | 勝敗（勝率） | 最大勝ちトレード | 最大負けトレード | 最大ドローダウン |
| 買い | 終値＜20日ＭＡの－1.5標準偏差 | 672,000 | 27勝16敗 62.79% | 210,000 | -132,000 | -390,000 |
| 売り | 終値＞20日ＭＡの＋1.5標準偏差 | | | | | |
| 買い | 終値＜20日ＭＡの－2.0標準偏差 | 1,182,000 | 26勝9敗 74.29% | 234,000 | -210,000 | -354,000 |
| 売り | 終値＞20日ＭＡの＋2.0標準偏差 | | | | | |
| 買い | 終値＜20日ＭＡの－2.5標準偏差 | 924,000 | 9勝3敗 75.00% | 408,000 | -180,000 | -378,000 |
| 売り | 終値＞20日ＭＡの＋2.5標準偏差 | | | | | |
| 買い | 終値＜20日ＭＡの－3.0標準偏差 | 258,000 | 1勝0敗 100.00% | 258,000 | — | -378,000 |
| 売り | 終値＞20日ＭＡの＋3.0標準偏差 | | | | | |

図117 ボリンジャーバンドによる逆張りトレードのシミュレーション（東京白金）

| 検証データ：東京白金先限つなぎ足 | | | | 1997/6/1～2002/5/31 | | |
|---|---|---|---|---|---|---|
| ルール | | 損益 | 勝敗（勝率） | 最大勝ちトレード | 最大負けトレード | 最大ドローダウン |
| 買い | 終値＜20日ＭＡの－1.5標準偏差 | -483,000 | 21勝15敗 58.33% | 91,500 | -255,000 | -785,500 |
| 売り | 終値＞20日ＭＡの＋1.5標準偏差 | | | | | |
| 買い | 終値＜20日ＭＡの－2.0標準偏差 | -252,000 | 16勝10敗 61.54% | 102,500 | -264,000 | -558,500 |
| 売り | 終値＞20日ＭＡの＋2.0標準偏差 | | | | | |
| 買い | 終値＜20日ＭＡの－2.5標準偏差 | -597,000 | 9勝5敗 64.29% | 142,000 | -378,000 | -1,002,000 |
| 売り | 終値＞20日ＭＡの＋2.5標準偏差 | | | | | |
| 買い | 終値＜20日ＭＡの－3.0標準偏差 | -459,500 | 6勝3敗 66.67% | 125,000 | -386,000 | -962,500 |
| 売り | 終値＞20日ＭＡの＋3.0標準偏差 | | | | | |

損益は、金が257,000円～470,000円、銀が258,000円～1,182,000円と良好な結果となりました。一方、白金は−597,000円～−252,000円とさえない結果でした。

いずれの場合も建て玉期間が長く、最大ドローダウンが大きくなっています。

注1：手数料その他は考慮していない。1回のトレードで1枚売買するものとする
注2：手仕舞いルールはリバーシング（ドテン）するものとする
注3：MAはmoving average（移動平均）の略
注4：網掛け部分は本シミュレーションのなかで筆者が最も有効と考えるルール

## ■短期の手仕舞いルールではどうか？

次に手仕舞いのルールを変更してみます。

商品ごとに損益が一番良好だったパラメータを用い、手仕舞いルールだけを変更してシミュレーションを行いました。新しい手仕舞いルールは、以前のものに、①5日後の大引け、②10日後の大引け、③20日後の大引け、の3パターンをそれぞれ加え、より早く手仕舞いできる方を適用するというものです。

シミュレーション結果は図118～図120の通りです。金と銀については、勝率は改善しましたが損益が悪化し、短期の手仕舞いルールは機能しませんでした。一方、白金は長期トレードと同じく損益がマイナスとなりました。

図118 ボリンジャーバンドによる逆張り短期トレードのシミュレーション（東京金）

| 検証データ：東京金先限つなぎ足 | | | | | | 1997/6/1～2002/5/31 |
|---|---|---|---|---|---|---|
| ルール | | 損益 | 勝敗（勝率） | 最大勝ちトレード | 最大負けトレード | 最大ドローダウン |
| 買い | 終値＜20日ＭＡの－2.0標準偏差 | -164,000 | 33勝27敗<br>55.00% | 103,000 | -115,000 | -330,000 |
| 売り | 終値＞20日ＭＡの＋2.0標準偏差 | | | | | |
| 手仕舞 | 5日後大引け | | | | | |
| 買い | 終値＜20日ＭＡの－2.0標準偏差 | -328,000 | 25勝24敗<br>51.02% | 103,000 | -146,000 | -499,000 |
| 売り | 終値＞20日ＭＡの＋2.0標準偏差 | | | | | |
| 手仕舞 | 10日後大引け | | | | | |
| 買い | 終値＜20日ＭＡの－2.0標準偏差 | -124,000 | 21勝21敗<br>50.00% | 103,000 | -84,000 | -395,000 |
| 売り | 終値＞20日ＭＡの＋2.0標準偏差 | | | | | |
| 手仕舞 | 20日後大引け | | | | | |

図119 ボリンジャーバンドによる逆張り短期トレードのシミュレーション（東京銀）

| 検証データ：東京銀先限つなぎ足 | | | | | | 1997/6/1～2002/5/31 |
|---|---|---|---|---|---|---|
| ルール | | 損益 | 勝敗（勝率） | 最大勝ちトレード | 最大負けトレード | 最大ドローダウン |
| 買い | 終値＜20日ＭＡの－2.0標準偏差 | -234,000 | 39勝30敗<br>56.52% | 84,000 | -120,000 | -408,000 |
| 売り | 終値＞20日ＭＡの＋2.0標準偏差 | | | | | |
| 手仕舞 | 5日後大引け | | | | | |
| 買い | 終値＜20日ＭＡの－2.0標準偏差 | 114,000 | 33勝23敗<br>58.93% | 150,000 | -198,000 | -474,000 |
| 売り | 終値＞20日ＭＡの＋2.0標準偏差 | | | | | |
| 手仕舞 | 10日後大引け | | | | | |
| 買い | 終値＜20日ＭＡの－2.0標準偏差 | 438,000 | 32勝15敗<br>68.09% | 150,000 | -240,000 | -300,000 |
| 売り | 終値＞20日ＭＡの＋2.0標準偏差 | | | | | |
| 手仕舞 | 20日後大引け | | | | | |

図120 ボリンジャーバンドによる逆張り短期トレードのシミュレーション(東京白金)

**検証データ：東京白金先限つなぎ足　1997/6/1～2002/5/31**

| ルール | | 損益 | 勝敗(勝率) | 最大勝ち<br>トレード | 最大負け<br>トレード | 最大ドロー<br>ダウン |
|---|---|---|---|---|---|---|
| 買い | 終値＜20日ＭＡの<br>－2.0標準偏差 | -241,000 | 27勝31敗<br>46.55% | 93,000 | -91,000 | -302,500 |
| 売り | 終値＞20日ＭＡの<br>＋2.0標準偏差 | | | | | |
| 手仕舞 | 5日後大引け | | | | | |
| 買い | 終値＜20日ＭＡの<br>－2.0標準偏差 | -218,500 | 24勝26敗<br>48.00% | 84,000 | -134,500 | -431,500 |
| 売り | 終値＞20日ＭＡの<br>＋2.0標準偏差 | | | | | |
| 手仕舞 | 10日後大引け | | | | | |
| 買い | 終値＜20日ＭＡの<br>－2.0標準偏差 | -267,000 | 25勝19敗<br>56.82% | 100,500 | -201,000 | -469,500 |
| 売り | 終値＞20日ＭＡの<br>＋2.0標準偏差 | | | | | |
| 手仕舞 | 20日後大引け | | | | | |

注1：手数料その他は考慮していない。1回のトレードで1枚売買するものとする
注2：MAはmoving average（移動平均）の略

図121 月次資金残高曲線例（金：ボリンジャーバンド逆張り±2.0ルール）

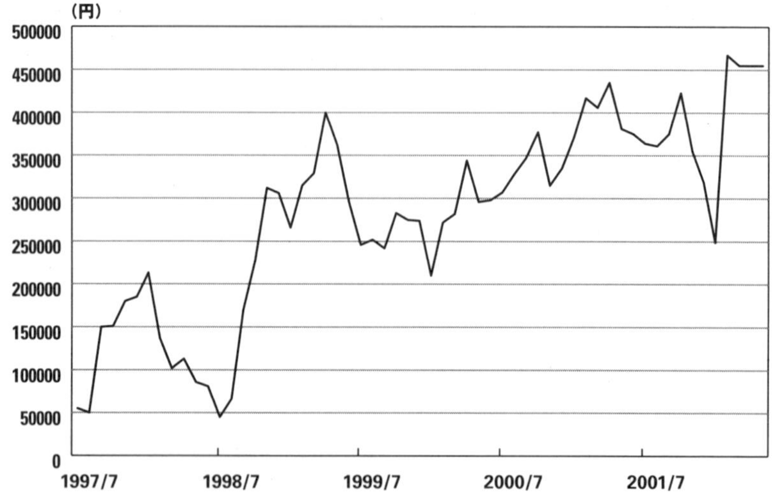


図122 月次資金残高曲線例（銀：ボリンジャーバンド逆張り±2.0ルール）

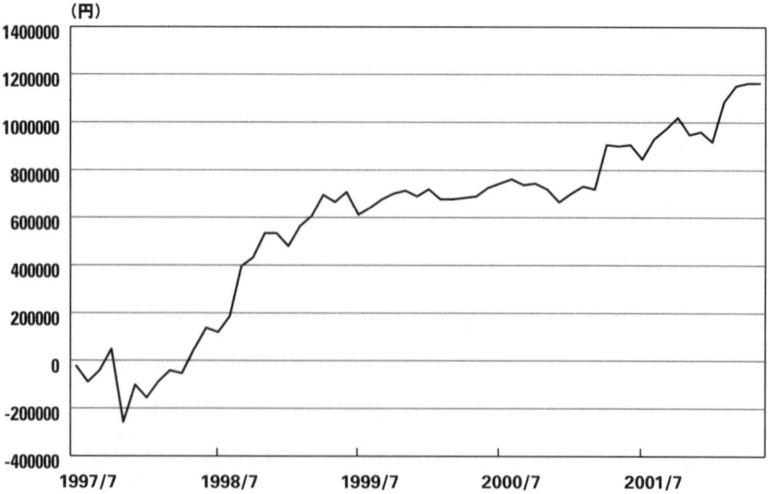

# Q56

## 代表的なトレード手法は有効ですか？
## 検証③ ボリンジャーバンド（順張り）

**A　順張りのボリンジャーバンドは
有効ではありません。**

### ■ボリンジャーバンドを順張りで使うとは？

今度は、ボリンジャーバンドを順張り手法として用いるとどうなるのかを検証してみます。

これは価格がボリンジャーバンドの外に抜けたときに、その方向にさらに価格が振れると予想して売買を行うものです。つまり、標準偏差の上のバンドを抜いたら買い、下のバンドを抜いたら売りとなります。

ここでのシミュレーションでは、逆張りと同様、20日移動平均線を用い、標準偏差が1.5、2、2.5、3の４つの組み合わせで検証しました。仕掛けルールは、標準偏差の上のバンドを上抜いたら翌日買い、下のバンドを下抜いたら売りです。

### ■ボリンジャーバンドによる順張りトレードルール

ボリンジャーバンドによる順張りのトレーディングは、次に挙げるルールで行いました。

**＜買いルール＞**

**◎仕掛け**

・終値が20日ＭＡの＋1.5（2.0・2.5・3.0）標準偏差を上抜けたら、翌日寄り付きで買い

**◎手仕舞（リバーシング（ドテン）すると規定）**

・終値が20日ＭＡの－1.5（2.0・2.5・3.0）標準偏差を下抜けたら、翌日寄り付きで転売

**＜売りルール＞**

**◎仕掛け**

・終値が20日ＭＡの－1.5（2.0・2.5・3.0）標準偏差を下抜けたら、翌日寄り付きで売り

**◎手仕舞（リバーシング（ドテン）すると規定）**

・終値が20日ＭＡの＋1.5（2.0・2.5・3.0）標準偏差を上抜けたら、翌日寄り付きで買戻し

## ■パフォーマンス

シミュレーション結果は図123～図125の通りです。

シミュレーション損益は、金で−472,000円～−257,000円、銀で−1,182,000円～−258,000円、白金で252,000円～597,000円となり、白金以外はさえない結果でした。

図123 ボリンジャーバンドによる順張りトレードのシミュレーション（東京金）

**検証データ：東京金先限つなぎ足　1997/6/1～2002/5/31**

| ルール | | 損益 | 勝敗（勝率） | 最大勝ちトレード | 最大負けトレード | 最大ドローダウン |
|---|---|---|---|---|---|---|
| 買い | 終値＞20日ＭＡの＋1.5標準偏差 | -472,000 | 20勝50敗<br>28.57% | 132,000 | -114,000 | -583,000 |
| 売り | 終値＜20日ＭＡの－1.5標準偏差 | | | | | |
| 買い | 終値＞20日ＭＡの＋2.0標準偏差 | -470,000 | 9勝20敗<br>31.03% | 115,000 | -148,000 | -495,000 |
| 売り | 終値＜20日ＭＡの－2.0標準偏差 | | | | | |
| 買い | 終値＞20日ＭＡの＋2.5標準偏差 | -408,000 | 4勝10敗<br>28.57% | 226,000 | -173,000 | -748,000 |
| 売り | 終値＜20日ＭＡの－2.5標準偏差 | | | | | |
| 買い | 終値＞20日ＭＡの＋3.0標準偏差 | -257,000 | 1勝2敗<br>33.33% | 60,000 | -159,000 | -430,000 |
| 売り | 終値＜20日ＭＡの－3.0標準偏差 | | | | | |

図124 ボリンジャーバンドによる順張りトレードのシミュレーション（東京銀）

**検証データ：東京銀先限つなぎ足　1997/6/1～2002/5/31**

| ルール | | 損益 | 勝敗（勝率） | 最大勝ちトレード | 最大負けトレード | 最大ドローダウン |
|---|---|---|---|---|---|---|
| 買い | 終値＞20日ＭＡの＋1.5標準偏差 | -672,000 | 17勝26敗<br>39.53% | 132,000 | -210,000 | -732,000 |
| 売り | 終値＜20日ＭＡの－1.5標準偏差 | | | | | |
| 買い | 終値＞20日ＭＡの＋2.0標準偏差 | -1,182,000 | 9勝26敗<br>25.71% | 210,000 | -234,000 | -1,326,000 |
| 売り | 終値＜20日ＭＡの－2.0標準偏差 | | | | | |
| 買い | 終値＞20日ＭＡの＋2.5標準偏差 | -924,000 | 3勝9敗<br>25.00% | 180,000 | -408,000 | -1,080,000 |
| 売り | 終値＜20日ＭＡの－2.5標準偏差 | | | | | |
| 買い | 終値＞20日ＭＡの＋3.0標準偏差 | -258,000 | 0勝1敗<br>0.00% | — | -258,000 | -258,000 |
| 売り | 終値＜20日ＭＡの－3.0標準偏差 | | | | | |

図125 ボリンジャーバンドによる順張りトレードのシミュレーション（東京白金）

| 検証データ：東京白金先限つなぎ足 | | | | 1997/6/1～2002/5/31 | | |
| --- | --- | --- | --- | --- | --- | --- |
| ルール | | 損益 | 勝敗（勝率） | 最大勝ちトレード | 最大負けトレード | 最大ドローダウン |
| 買い | 終値＞20日ＭＡの＋1.5標準偏差 | 483,000 | 15勝21敗 41.67% | 255,000 | -91,500 | -187,500 |
| 売り | 終値＜20日ＭＡの－1.5標準偏差 | | | | | |
| 買い | 終値＞20日ＭＡの＋2.0標準偏差 | 252,000 | 10勝16敗 38.46% | 264,000 | -102,500 | -195,000 |
| 売り | 終値＜20日ＭＡの－2.0標準偏差 | | | | | |
| 買い | 終値＞20日ＭＡの＋2.5標準偏差 | 597,000 | 5勝9敗 35.71% | 378,000 | -142,000 | -282,500 |
| 売り | 終値＜20日ＭＡの－2.5標準偏差 | | | | | |
| 買い | 終値＞20日ＭＡの＋3.0標準偏差 | 459,500 | 3勝6敗 33.33% | 386,000 | -125,000 | -217,500 |
| 売り | 終値＜20日ＭＡの－3.0標準偏差 | | | | | |

注1：手数料その他は考慮していない。1回のトレードで1枚売買するものとする
注2：手仕舞いルールはリバーシング（ドテン）するものとする
注3：MAはmoving average（移動平均）の略

## ■短期の手仕舞いルールではどうか？

次に手仕舞いのルールを変更してみます。

商品ごとに損益が一番良好だったパラメータを用い、手仕舞いルールだけを変更してシミュレーションを行いました。新しい手仕舞いルールは、以前のものに①５日後の大引け、②10日後の大引け、③20日後の大引け、の３パターンをそれぞれ加え、より早く手仕舞いできる方を適用するというものです。

図126 ボリンジャーバンドによる順張り短期トレードのシミュレーション（東京金）

| 検証データ：東京金先限つなぎ足 | | | | | | 1997/6/1～2002/5/31 |
|---|---|---|---|---|---|---|
| ルール | | 損益 | 勝敗（勝率） | 最大勝ちトレード | 最大負けトレード | 最大ドローダウン |
| 買い | 終値＞20日ＭＡの＋1.5標準偏差 | 567,000 | 44勝35敗 55.70% | 141,000 | -47,000 | -94,000 |
| 売り | 終値＜20日ＭＡの－1.5標準偏差 | | | | | |
| 手仕舞 | 5日後大引け | | | | | |
| 買い | 終値＞20日ＭＡの＋1.5標準偏差 | 80,000 | 34勝30敗 53.13% | 128,000 | -127,000 | -219,000 |
| 売り | 終値＜20日ＭＡの－1.5標準偏差 | | | | | |
| 手仕舞 | 10日後大引け | | | | | |
| 買い | 終値＞20日ＭＡの＋1.5標準偏差 | -38,000 | 22勝31敗 41.51% | 130,000 | -127,000 | -215,000 |
| 売り | 終値＜20日ＭＡの－1.5標準偏差 | | | | | |
| 手仕舞 | 20日後大引け | | | | | |

注1：手数料その他は考慮していない。1回のトレードで1枚売買するものとする
注2：MAはmoving average（移動平均）の略

シミュレーション結果は図126～図128の通りです。

金と銀は勝率、損益ともに改善されています。とくに5日後手仕舞いのパターンが良い結果を残しています。

白金は勝率が改善しました。とくに20日後手仕舞いのパターンが良い結果を残しています。

図127 ボリンジャーバンドによる順張り短期トレードのシミュレーション（東京銀）

**検証データ：東京銀先限つなぎ足　　1997/6/1～2002/5/31**

| ルール | | 損益 | 勝敗（勝率） | 最大勝ちトレード | 最大負けトレード | 最大ドローダウン |
|---|---|---|---|---|---|---|
| 買い | 終値＞20日MAの＋1.5標準偏差 | 438,000 | 58勝41敗 58.59% | 132,000 | -78,000 | -198,000 |
| 売り | 終値＜20日MAの－1.5標準偏差 | | | | | |
| 手仕舞 | 5日後大引け | | | | | |
| 買い | 終値＞20日MAの＋1.5標準偏差 | -186,000 | 43勝39敗 52.44% | 168,000 | -174,000 | -450,000 |
| 売り | 終値＜20日MAの－1.5標準偏差 | | | | | |
| 手仕舞 | 10日後大引け | | | | | |
| 買い | 終値＞20日MAの＋1.5標準偏差 | -378,000 | 27勝32敗 45.76% | 216,000 | -210,000 | -642,000 |
| 売り | 終値＜20日MAの－1.5標準偏差 | | | | | |
| 手仕舞 | 20日後大引け | | | | | |

図128 ボリンジャーバンドによる順張り短期トレードのシミュレーション（東京白金）

**検証データ：東京白金先限つなぎ足　　1997/6/1～2002/5/31**

| ルール | | 損益 | 勝敗（勝率） | 最大勝ちトレード | 最大負けトレード | 最大ドローダウン |
|---|---|---|---|---|---|---|
| 買い | 終値＞20日MAの＋1.5標準偏差 | 341,500 | 43勝38敗 53.09% | 85,500 | -111,000 | -215,000 |
| 売り | 終値＜20日MAの－1.5標準偏差 | | | | | |
| 手仕舞 | 5日後大引け | | | | | |
| 買い | 終値＞20日MAの＋1.5標準偏差 | 206,000 | 36勝35敗 50.70% | 156,500 | -120,500 | -203,000 |
| 売り | 終値＜20日MAの－1.5標準偏差 | | | | | |
| 手仕舞 | 10日後大引け | | | | | |
| 買い | 終値＞20日MAの＋1.5標準偏差 | 482,500 | 26勝28敗 48.15% | 281,500 | -91,500 | -167,500 |
| 売り | 終値＜20日MAの－1.5標準偏差 | | | | | |
| 手仕舞 | 20日後大引け | | | | | |

注1：手数料その他は考慮していない。1回のトレードで1枚売買するものとする
注2：MAはmoving average（移動平均）の略

# Q57



## 代表的なトレード手法は有効ですか？ 検証④ ブレイクアウト

**A　ブレイクアウトは白金で有効です。**

### ■ブレイクアウトとは？

ブレイクアウトとは、レンジ相場からトレンドが発生したことを確認するための手法です。

一定期間（m日）の最高値・最安値を更新したことで、レンジ相場から抜け出し、トレンドが発生したと判断するのが通常の仕掛けルールになります。また手仕舞いについては、m日以下の日数（n日）を使ってトレンドの終焉を確認するのが通常の手仕舞いルールです。つまり、買いポジションはn日安値更新で手仕舞い、売りポジションはn日高値更新で手仕舞うという具合です。

このシミュレーションでは、10/5日、20/10日、30/15日、40/20日の4通りで検証してみました。

### ■ブレイクアウトによるトレードルール

ブレイクアウトによるトレーディングは、次に挙げるルールで行いました。

**＜買いルール＞**

**◎仕掛け**

**・10（20・30・40）日間最高値更新で買い**

**◎手仕舞（リバーシング（ドテン）すると規定）**

**・5（10・15・20）日間最安値更新で転売**

**＜売りルール＞**

**◎仕掛け**

**・10（20・30・40）日間最安値更新で売り**

**◎手仕舞（リバーシング（ドテン）すると規定）**

**・5（10・15・20）日間最高値更新で買戻し**

## ■パフォーマンス

シミュレーション結果は図129～図131の通りです。

金・銀は、勝率・損益ともにさえません。

白金は勝率こそ40％台ですが、損益は593,500円～1,003,500円と比較的良好な結果となりました。ただし、トレード回数が少ないのが難点です。

図129 ブレイクアウトによるトレードのシミュレーション（東京金）

**検証データ：東京金先限つなぎ足　1997/6/1～2002/5/31**

| ルール | | 損益 | 勝敗（勝率） | 最大勝ちトレード | 最大負けトレード | 最大ドローダウン |
|---|---|---|---|---|---|---|
| 買い | 10日間最高値を更新 | 6,000 | 35勝65敗<br>35.00% | 142,000 | -47,000 | -318,000 |
| 手仕舞 | 5日間最安値を更新 | | | | | |
| 売り | 10日間最安値を更新 | | | | | |
| 手仕舞 | 5日間最高値を更新 | | | | | |
| 買い | 20日間最高値を更新 | 68,000 | 20勝27敗<br>42.55% | 117,000 | -59,000 | -222,000 |
| 手仕舞 | 10日間最安値を更新 | | | | | |
| 売り | 20日間最安値を更新 | | | | | |
| 手仕舞 | 10日間最高値を更新 | | | | | |
| 買い | 30日間最高値を更新 | -130,000 | 12勝21敗<br>36.36% | 136,000 | -115,000 | -375,000 |
| 手仕舞 | 15日間最安値を更新 | | | | | |
| 売り | 30日間最安値を更新 | | | | | |
| 手仕舞 | 15日間最高値を更新 | | | | | |
| 買い | 40日間最高値を更新 | -169,000 | 8勝16敗<br>33.33% | 153,000 | -119,000 | -320,000 |
| 手仕舞 | 20日間最安値を更新 | | | | | |
| 売り | 40日間最安値を更新 | | | | | |
| 手仕舞 | 20日間最高値を更新 | | | | | |

注1：手数料その他は考慮していない。1回のトレードで1枚売買するものとする
注2：手仕舞いルールはリバーシング（ドテン）するものとする

図130 ブレイクアウトによるトレードのシミュレーション（東京銀）

**検証データ：東京銀先限つなぎ足　1997/6/1～2002/5/31**

| ルール | | 損益 | 勝敗（勝率） | 最大勝ちトレード | 最大負けトレード | 最大ドローダウン |
|---|---|---|---|---|---|---|
| 買い | 10日間最高値を更新 | 396,000 | 41勝59敗 41.00% | 276,000 | -54,000 | -564,000 |
| 手仕舞 | 5日間最安値を更新 | | | | | |
| 売り | 10日間最安値を更新 | | | | | |
| 手仕舞 | 5日間最高値を更新 | | | | | |
| 買い | 20日間最高値を更新 | -450,000 | 19勝35敗 35.19% | 144,000 | -138,000 | -594,000 |
| 手仕舞 | 10日間最安値を更新 | | | | | |
| 売り | 20日間最安値を更新 | | | | | |
| 手仕舞 | 10日間最高値を更新 | | | | | |
| 買い | 30日間最高値を更新 | -720,000 | 12勝29敗 29.27% | 138,000 | -162,000 | -936,000 |
| 手仕舞 | 15日間最安値を更新 | | | | | |
| 売り | 30日間最安値を更新 | | | | | |
| 手仕舞 | 15日間最高値を更新 | | | | | |
| 買い | 40日間最高値を更新 | -738,000 | 10勝20敗 33.33% | 102,000 | -180,000 | -864,000 |
| 手仕舞 | 20日間最安値を更新 | | | | | |
| 売り | 40日間最安値を更新 | | | | | |
| 手仕舞 | 20日間最高値を更新 | | | | | |

注1：手数料その他は考慮していない。1回のトレードで1枚売買するものとする
注2：手仕舞いルールはリバーシング（ドテン）するものとする

図131 ブレイクアウトによるトレードのシミュレーション（東京白金）

| 検証データ：東京白金先限つなぎ足 | | | | 1997/6/1～2002/5/31 | | |
|---|---|---|---|---|---|---|
| ルール | | 損益 | 勝敗（勝率） | 最大勝ちトレード | 最大負けトレード | 最大ドローダウン |
| 買い | 10日間最高値を更新 | 831,000 | 31勝42敗 42.47% | 234,000 | -80,000 | -192,500 |
| 手仕舞 | 5日間最安値を更新 | | | | | |
| 売り | 10日間最安値を更新 | | | | | |
| 手仕舞 | 5日間最高値を更新 | | | | | |
| 買い | 20日間最高値を更新 | 1,003,500 | 16勝18敗 47.06% | 272,000 | -70,000 | -86,000 |
| 手仕舞 | 10日間最安値を更新 | | | | | |
| 売り | 20日間最安値を更新 | | | | | |
| 手仕舞 | 10日間最高値を更新 | | | | | |
| 買い | 30日間最高値を更新 | 837,500 | 12勝13敗 48.00% | 282,500 | -50,000 | -68,000 |
| 手仕舞 | 15日間最安値を更新 | | | | | |
| 売り | 30日間最安値を更新 | | | | | |
| 手仕舞 | 15日間最高値を更新 | | | | | |
| 買い | 40日間最高値を更新 | 593,500 | 12勝8敗 60.00% | 220,000 | -63,000 | -103,000 |
| 手仕舞 | 20日間最安値を更新 | | | | | |
| 売り | 40日間最安値を更新 | | | | | |
| 手仕舞 | 20日間最高値を更新 | | | | | |

注1：手数料その他は考慮していない。1回のトレードで1枚売買するものとする
注2：手仕舞いルールはリバーシング（ドテン）するものとする
注3：網掛け部分は本シミュレーションのなかで筆者が最も有効と考えるルール

## ■短期の手仕舞いルールではどうか？

次に手仕舞いのルールを変更してみます。

商品ごとに損益が一番良好だったパラメータを用い、手仕舞いルールだけを変更してシミュレーションを行いました。新しい手仕舞いルールは、以前のものに①５日後の大引け、②10日後の大引け、③20日後の大引け、の３パターンをそれぞれ加え、より早く手仕舞いできる方を適用するというものです。

シミュレーション結果は図132～図134の通りです。

金と銀は勝率・損益ともに改善しました。また、白金は損益が若干悪くなりましたが、勝率が10％アップしました。

図132 ブレイクアウトによる短期トレードのシミュレーション（東京金）

| 検証データ：東京金先限つなぎ足 | | | | | | 1997/6/1～2002/5/31 |
|---|---|---|---|---|---|---|
| ルール | | 損益 | 勝敗（勝率） | 最大勝ちトレード | 最大負けトレード | 最大ドローダウン |
| 買い | 20日間最高値を更新 | 277,000 | 46勝50敗<br>47.92% | 117,000 | -63,000 | -149,000 |
| 売り | 20日間最安値を更新 | | | | | |
| 手仕舞 | 5日目大引け | | | | | |
| 買い | 20日間最高値を更新 | 209,000 | 34勝33敗<br>50.75% | 148,000 | -104,000 | -250,000 |
| 売り | 20日間最安値を更新 | | | | | |
| 手仕舞 | 10日目大引け | | | | | |
| 買い | 20日間最高値を更新 | 25,000 | 22勝28敗<br>44.00% | 93,000 | -89,000 | -388,000 |
| 売り | 20日間最安値を更新 | | | | | |
| 手仕舞 | 20日目大引け | | | | | |

注：手数料その他は考慮していない。1回のトレードで1枚売買するものとする

図133 ブレイクアウトによる短期トレードのシミュレーション（東京銀）

**検証データ：東京銀先限つなぎ足　1997/6/1～2002/5/31**

| ルール | | 損益 | 勝敗（勝率） | 最大勝ちトレード | 最大負けトレード | 最大ドローダウン |
|---|---|---|---|---|---|---|
| 買い | 10日間最高値を更新 | -144,000 | 83勝83敗 50.00% | 14,400 | -138,000 | -678,000 |
| 売り | 10日間最安値を更新 | | | | | |
| 手仕舞 | 5日目大引け | | | | | |
| 買い | 10日間最高値を更新 | 558,000 | 52勝60敗 46.43% | 186,000 | -84,000 | -426,000 |
| 売り | 10日間最安値を更新 | | | | | |
| 手仕舞 | 10日目大引け | | | | | |
| 買い | 10日間最高値を更新 | 240,000 | 34勝51敗 40.00% | 222,000 | -84,000 | -402,000 |
| 売り | 10日間最安値を更新 | | | | | |
| 手仕舞 | 20日目大引け | | | | | |

図134 ブレイクアウトによる短期トレードのシミュレーション（東京白金）

**検証データ：東京白金先限つなぎ足　1997/6/1～2002/5/31**

| ルール | | 損益 | 勝敗（勝率） | 最大勝ちトレード | 最大負けトレード | 最大ドローダウン |
|---|---|---|---|---|---|---|
| 買い | 20日間最高値を更新 | 575,000 | 52勝31敗 62.65% | 111,000 | -69,000 | -102,000 |
| 売り | 20日間最安値を更新 | | | | | |
| 手仕舞 | 5日目大引け | | | | | |
| 買い | 20日間最高値を更新 | 776,500 | 35勝27敗 56.45% | 167,000 | -71,000 | -87,000 |
| 売り | 20日間最安値を更新 | | | | | |
| 手仕舞 | 10日目大引け | | | | | |
| 買い | 20日間最高値を更新 | 745,500 | 39勝47敗 45.35% | 267,500 | -94,500 | -150,500 |
| 売り | 20日間最安値を更新 | | | | | |
| 手仕舞 | 20日目大引け | | | | | |

注：手数料その他は考慮していない。1回のトレードで1枚売買するものとする

図135 月次資金残高曲線例（白金：20/10日ブレイクアウトルール）

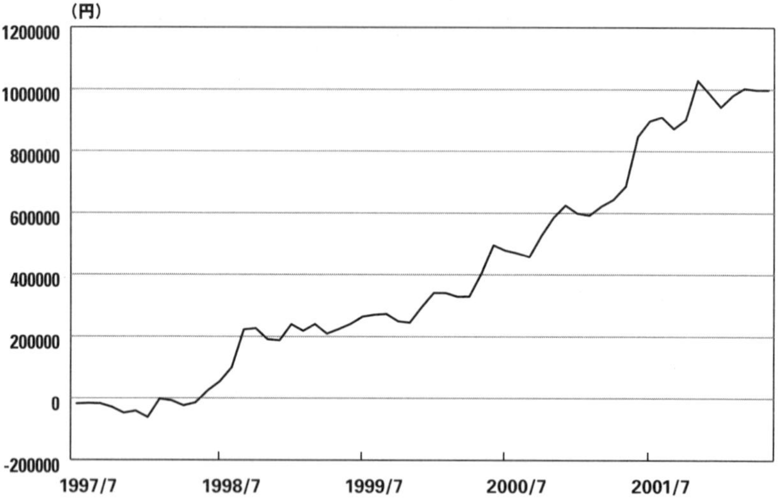

# Q58

## 代表的なトレード手法は有効ですか？検証⑤ＤＭＩ

**A　DMIは有効ではありません。**

### ■ＤＭＩ（ディレクショナル・ムーブメント・インデックス）とは？

ＤＭＩはトレンドの強弱をみる手法です。

プラスの方向性指数＋ＤＩ（相場の上昇力を示す）とマイナスの方

図136 東京金先限つなぎ足チャートとDMI指標

向性指数－ＤＩ（相場の下降力を示す）を計算して、トレンドの方向と強弱を測ります。＋ＤＩ＞－ＤＩで上昇トレンド、＋ＤＩ＜－ＤＩで下降トレンドとみなします。また、＋ＤＩと－ＤＩの差はトレンドの強さを示します。

＋ＤＩ＝＋ＤＭ（上昇幅）÷ＴＲ（True Range：真の値幅）

－ＤＩ＝－ＤＭ（下降幅）÷ＴＲ（True Range：真の値幅）

＋ＤＭ＝本日の高値ー前日の高値

－ＤＭ＝本日の安値ー前日の安値

※ただし、＋ＤＭと－ＤＭのどちらかが正数なら、もう一方を0とする

ＴＲ＝本日の高値ー本日の安値、本日の高値ー前日の終値、
前日の終値ー本日の安値のうち最大の数値

通常は、＋ＤＩと－ＤＩのｎ日間移動平均を求め、トレンドの強弱を測ります。

## ■ＤＭＩによるトレードルール

ＤＭＩによるトレーディングは、次のルールで行いました。

**<買いルール>**

**◎仕掛け**

**・＋ＤＩが－ＤＩを下から上へ交差したら、翌日寄付きで買い**

**ｎ＝7, 14, 28**

**◎手仕舞（リバーシング（ドテン）すると規定）**

・－ＤＩが＋ＤＩを下から上へ交差したら、翌日寄付きで転売

n＝7, 14, 28

**<売りルール>**

**◎仕掛け**

・－ＤＩが＋ＤＩを下から上へ交差したら、翌日寄付きで売り

n＝7, 14, 28

**◎手仕舞（リバーシング（ドテン）すると規定）**

・＋ＤＩが－ＤＩを下から上へ交差したら、翌日寄付きで買戻し

n＝7, 14, 28

## ■パフォーマンス

シミュレーション結果は図137～図139の通りです。

金は−250,000円～191,000円、銀は−232,800円～525,600円、白

図137 DMIによるトレードのシミュレーション（東京金）

| 検証データ：東京金先限つなぎ足 | | | | | | 1997/6/1～2002/5/31 |
|---|---|---|---|---|---|---|
| ルール | | 損益 | 勝敗（勝率） | 最大勝ちトレード | 最大負けトレード | 最大ドローダウン |
| 買い | ＋DI＞－DI（7） | 191,000 | 78勝115敗 40.41% | 123,000 | -57,000 | -307,000 |
| 売り | ＋DI＜－DI（7） | | | | | |
| 買い | ＋DI＞－DI（14） | -247,000 | 42勝78敗 35.00% | 121,000 | -72,000 | -331,000 |
| 売り | ＋DI＜－DI（14） | | | | | |
| 買い | ＋DI＞－DI（28） | -250,000 | 29勝52敗 35.80% | 168,000 | -48,000 | -329,000 |
| 売り | ＋DI＜－DI（28） | | | | | |

金は220,500円～422,000円となっています。

売買回数の多さに比べて利益が少なく、この手法が有効に機能しているとはいえない結果です。

図138 DMIによるトレードのシミュレーション（東京銀）

検証データ：東京銀先限つなぎ足　1997/6/1～2002/5/31

| ルール | | 損益 | 勝敗（勝率） | 最大勝ちトレード | 最大負けトレード | 最大ドローダウン |
|---|---|---|---|---|---|---|
| 買い | ＋DI＞－DI（7） | 525,600 | 81勝94敗 46.29% | 207,000 | -77,400 | -450,600 |
| 売り | ＋DI＜－DI（7） | | | | | |
| 買い | ＋DI＞－DI（14） | -232,800 | 49勝79敗 38.28% | 172,800 | -115,200 | -545,400 |
| 売り | ＋DI＜－DI（14） | | | | | |
| 買い | ＋DI＞－DI（28） | 144,000 | 47勝68敗 40.87% | 298,800 | -70,200 | -338,400 |
| 売り | ＋DI＜－DI（28） | | | | | |

図139 DMIによるトレードのシミュレーション（東京白金）

検証データ：東京白金先限つなぎ足　1997/6/1～2002/5/31

| ルール | | 損益 | 勝敗（勝率） | 最大勝ちトレード | 最大負けトレード | 最大ドローダウン |
|---|---|---|---|---|---|---|
| 買い | ＋DI＞－DI（7） | 365,500 | 57勝92敗 38.26% | 233,500 | -68,500 | -214,000 |
| 売り | ＋DI＜－DI（7） | | | | | |
| 買い | ＋DI＞－DI（14） | 422,000 | 32勝69敗 31.68% | 258,000 | -59,500 | -219,500 |
| 売り | ＋DI＜－DI（14） | | | | | |
| 買い | ＋DI＞－DI（28） | 220,500 | 15勝47敗 24.19% | 266,500 | -53,000 | -255,000 |
| 売り | ＋DI＜－DI（28） | | | | | |

注1：手数料その他は考慮していない。1回のトレードで1枚売買するものとする
注2：手仕舞いルールはリバーシング（ドテン）するものとする

### ■短期の手仕舞いルールではどうか？

次に手仕舞いのルールを変更してみます。

商品ごとに損益が一番良好だったパラメータを用い、手仕舞いルールだけを変更してシミュレーションを行いました。新しい手仕舞いルールは、以前のものに①５日後の大引け、②10日後の大引け、③20日後の大引け、の３パターンをそれぞれ加え、より早く手仕舞いできる方を適用するというものです。

結果は図140～図142の通りです。金と銀は、勝率・損益ともに改善されましたが、トレード回数がさらに増えることを考えると有効とはいえません。白金はパフォーマンスが悪化しました。

図140 DMIによる短期トレードのシミュレーション（東京金）

検証データ：東京金先限つなぎ足　1997/6/1～2002/5/31

| ルール | | 損益 | 勝敗（勝率） | 最大勝ちトレード | 最大負けトレード | 最大ドローダウン |
|---|---|---|---|---|---|---|
| 買い | ＋DI＞－DI（7） | 545,000 | 90勝103敗 46.63% | 117,000 | -46,000 | -159,000 |
| 売り | ＋DI＜－DI（7） | | | | | |
| 手仕舞 | 5日後大引け | | | | | |
| 買い | ＋DI＞－DI（7） | 413,000 | 81勝112敗 41.97% | 148,000 | -56,000 | -290,000 |
| 売り | ＋DI＜－DI（7） | | | | | |
| 手仕舞 | 10日後大引け | | | | | |
| 買い | ＋DI＞－DI（7） | 341,000 | 78勝115敗 40.41% | 140,000 | -57,000 | -276,000 |
| 売り | ＋DI＜－DI（7） | | | | | |
| 手仕舞 | 20日後大引け | | | | | |

注：手数料その他は考慮していない。1回のトレードで1枚売買するものとする

図141 DMIによる短期トレードのシミュレーション（東京銀）

**検証データ：東京銀先限つなぎ足　1997/6/1～2002/5/31**

| ルール | | 損益 | 勝敗（勝率） | 最大勝ちトレード | 最大負けトレード | 最大ドローダウン |
|---|---|---|---|---|---|---|
| 買い | ＋DI＞－DI（7） | | | | | |
| 売り | ＋DI＜－DI（7） | 374,400 | 88勝88敗 50.00% | 145,200 | -77,400 | -303,000 |
| 手仕舞 | 5日後大引け | | | | | |
| 買い | ＋DI＞－DI（7） | | | | | |
| 売り | ＋DI＜－DI（7） | 492,600 | 83勝92敗 47.43% | 202,200 | -77,400 | -355,800 |
| 手仕舞 | 10日後大引け | | | | | |
| 買い | ＋DI＞－DI（7） | | | | | |
| 売り | ＋DI＜－DI（7） | 692,400 | 82勝93敗 46.86% | 170,400 | -77,400 | -378,000 |
| 手仕舞 | 20日後大引け | | | | | |

図142 DMIによる短期トレードのシミュレーション（東京白金）

**検証データ：東京白金先限つなぎ足　1997/6/1～2002/5/31**

| ルール | | 損益 | 勝敗（勝率） | 最大勝ちトレード | 最大負けトレード | 最大ドローダウン |
|---|---|---|---|---|---|---|
| 買い | ＋DI＞－DI（14） | | | | | |
| 売り | ＋DI＜－DI（14） | -41,000 | 43勝59敗 42.16% | 80,000 | -46,000 | -178,000 |
| 手仕舞 | 5日後大引け | | | | | |
| 買い | ＋DI＞－DI（14） | | | | | |
| 売り | ＋DI＜－DI（14） | -130,000 | 39勝63敗 38.24% | 76,000 | -59,500 | -244,000 |
| 手仕舞 | 10日後大引け | | | | | |
| 買い | ＋DI＞－DI（14） | | | | | |
| 売り | ＋DI＜－DI（14） | 81,000 | 33勝68敗 32.67% | 206,000 | -59,500 | -228,500 |
| 手仕舞 | 20日後大引け | | | | | |

注：手数料その他は考慮していない。1回のトレードで1枚売買するものとする

## ■ＡＤＸを使った手仕舞いルールではどうか？

今度は、ＡＤＸを用いた手仕舞いルールに変更してみます。ＡＤＸは、トレンドの強さを示す指数。トゥーシャー・シャンデ氏の著書『売買システム入門』（パンローリング刊）には、20以上の数値を示す場合はトレンドが現れているとされています。また、40以上の数値を示した場合、トレンドの終焉が近いとされています。

そこで、手仕舞いルールを①ＡＤＸが35以上、②40以上、③45以上、という３つのパターンで検証しました。その結果が図143～図145です。特に銀の損益に改善が見られます。

ＡＤＸ＝ＤＸの14日移動平均
ＤＸ＝{(＋ＤＩ)－(－ＤＩ)}÷{(＋ＤＩ)＋(－ＤＩ)}

図143 DMIによるトレードにADXを手仕舞に使ったシミュレーション（東京金）

| 検証データ：東京金先限つなぎ足 | | | | | | 1997/6/1～2002/5/31 |
|---|---|---|---|---|---|---|
| ルール | | 損益 | 勝敗（勝率） | 最大勝ちトレード | 最大負けトレード | 最大ドローダウン |
| 買い | ＋DI＞－DI（7） | 81,000 | 75勝118敗 38.86% | 122,000 | -57,000 | -307,000 |
| 売り | ＋DI＜－DI（7） | | | | | |
| 手仕舞 | ＡＤＸ＞35 | | | | | |
| 買い | ＋DI＞－DI（7） | 338,000 | 79勝114敗 40.93% | 187,000 | -57,000 | -307,000 |
| 売り | ＋DI＜－DI（7） | | | | | |
| 手仕舞 | ＡＤＸ＞40 | | | | | |
| 買い | ＋DI＞－DI（7） | 210,000 | 78勝115敗 40.41% | 123,000 | -57,000 | -307,000 |
| 売り | ＋DI＜－DI（7） | | | | | |
| 手仕舞 | ＡＤＸ＞45 | | | | | |

注：手数料その他は考慮していない。1回のトレードで1枚売買するものとする

図144 DMIによるトレードにADXを手仕舞に使ったシミュレーション（東京銀）

**検証データ：東京銀先限つなぎ足　1997/6/1～2002/5/31**

| ルール | | 損益 | 勝敗（勝率） | 最大勝ちトレード | 最大負けトレード | 最大ドローダウン |
|---|---|---|---|---|---|---|
| 買い | ＋DI＞－DI（7） | | | | | |
| 売り | ＋DI＜－DI（7） | 754,800 | 82勝93敗<br>46.86% | 305,400 | -77,400 | -450,600 |
| 手仕舞 | ＡＤＸ＞35 | | | | | |
| 買い | ＋DI＞－DI（7） | | | | | |
| 売り | ＋DI＜－DI（7） | 676,800 | 81勝94敗<br>46.29% | 250,800 | -77,400 | -450,600 |
| 手仕舞 | ＡＤＸ＞40 | | | | | |
| 買い | ＋DI＞－DI（7） | | | | | |
| 売り | ＋DI＜－DI（7） | 777,000 | 81勝94敗<br>46.29% | 355,800 | -77,400 | -450,600 |
| 手仕舞 | ＡＤＸ＞45 | | | | | |

図145 DMIによるトレードにADXを手仕舞に使ったシミュレーション（東京白金）

**検証データ：東京白金先限つなぎ足　1997/6/1～2002/5/31**

| ルール | | 損益 | 勝敗（勝率） | 最大勝ちトレード | 最大負けトレード | 最大ドローダウン |
|---|---|---|---|---|---|---|
| 買い | ＋DI＞－DI（14） | | | | | |
| 売り | ＋DI＜－DI（14） | 155,000 | 32勝69敗<br>31.68% | 197,500 | -59,500 | -243,500 |
| 手仕舞 | ＡＤＸ＞35 | | | | | |
| 買い | ＋DI＞－DI（14） | | | | | |
| 売り | ＋DI＜－DI（14） | 457,500 | 33勝68敗<br>32.67% | 207,500 | -59,500 | -219,500 |
| 手仕舞 | ＡＤＸ＞40 | | | | | |
| 買い | ＋DI＞－DI（14） | | | | | |
| 売り | ＋DI＜－DI（14） | 570,000 | 32勝69敗<br>31.68% | 282,500 | -59,500 | -219,500 |
| 手仕舞 | ＡＤＸ＞45 | | | | | |

注：手数料その他は考慮していない。1回のトレードで1枚売買するものとする

# Q59

## 代表的なトレード手法は有効ですか？ 検証⑥ MACD

**A　MACDは、金と銀で有効です。**

### ■MACD（移動平均収束発散法）とは？

ＭＡＣＤとは、強気と弱気の勢力バランスを計るテクニカル指標のことです。ＭＡＣＤ指標は、ＭＡＣＤラインとシグナルラインの

図146　東京金先限つなぎ足チャートとMACD

２本のラインからできています。

ＭＡＣＤラインは、ｘ日とｙ日の２本の指数平滑移動平均の差です。さらに、そのｚ日移動平均線がシグナルラインとなります。

ＭＡＣＤラインとシグナルラインの交差は、強気と弱気の勢力地図が塗り変わったことを意味します。ＭＡＣＤラインがシグナルラインを下から上へ交差したときは、強気がマーケットを支配したと解釈し、通常は買いシグナルとなります。その逆は弱気がマーケットを支配したと解釈し、売りシグナルとなります。

ここでのシミュレーションでは、この通常の売買シグナルを用いて検証しました。ＭＡＣＤラインがシグナルラインを下から上へ交差したら買い、その逆が売りです。

ＭＡＣＤライン＝ｘ日指数平滑移動平均－ｙ日指数平滑移動平均

シグナルライン＝ＭＡＣＤラインのｚ日移動平均

## ■ＭＡＣＤによるトレードルール

ＭＡＣＤによるトレーディングは、次のルールで行いました。

**<買いルール>**

**◎仕掛け**

・MACDラインがシグナルラインを上回ったら、翌日寄り付きで買い

**◎手仕舞（リバーシング（ドテン）すると規定）**

・MACDラインがシグナルラインを下回ったら、翌日寄り付きで転売

**<売りルール>**

◎**仕掛け**

・MACDラインがシグナルラインを下回ったら、翌日寄り付きで売り

◎**手仕舞（リバーシング（ドテン）すると規定）**

・MACDラインがシグナルラインを上回ったら、翌日寄り付きで買戻し

## ■パフォーマンス

シミュレーション結果は図147～図149の通りです。

勝率は高くありませんが、損益は銀が449,400円～1,199,400円

図147 MACDによるトレードのシミュレーション（東京金）

| 検証データ：東京金先限つなぎ足 | | | | | | 1997/6/1～2002/5/31 |
|---|---|---|---|---|---|---|
| ルール | | 損益 | 勝敗（勝率） | 最大勝ちトレード | 最大負けトレード | 最大ドローダウン |
| 買い | MACDラインがシグナルラインを下から上に交差（12,26,9） | -77,000 | 31勝66敗<br>31.96% | 152,000 | -86,000 | -360,000 |
| 売り | MACDラインがシグナルラインを上から下に交差（12,26,9） | | | | | |
| 買い | MACDラインがシグナルラインを下から上に交差（5,34,7） | 587,000 | 64勝83敗<br>43.54% | 171,000 | -57,000 | -264,000 |
| 売り | MACDラインがシグナルラインを上から下に交差（5,34,7） | | | | | |
| 買い | MACDラインがシグナルラインを下から上に交差（5,20,9） | 661,000 | 64勝76敗<br>46.85% | 181,000 | -57,000 | -264,000 |
| 売り | MACDラインがシグナルラインを上から下に交差（5,20,9） | | | | | |

注1：手数料その他は考慮していない。1回のトレードで1枚売買するものとする
注2：手仕舞いルールはリバーシング（ドテン）するものとする

図148 MACDによるトレードのシミュレーション（東京銀）

**検証データ：東京銀先限つなぎ足　1997/6/1～2002/5/31**

| ルール | | 損益 | 勝敗（勝率） | 最大勝ちトレード | 最大負けトレード | 最大ドローダウン |
|---|---|---|---|---|---|---|
| 買い | MACDラインがシグナルラインを下から上に交差（12,26,9） | 449,400 | 39勝45敗 46.43% | 291,600 | -100,800 | -367,800 |
| 売り | MACDラインがシグナルラインを上から下に交差（12,26,9） | | | | | |
| 買い | MACDラインがシグナルラインを下から上に交差（5,34,7） | 1,199,400 | 66勝58敗 53.23% | 334,800 | -87,000 | -240,600 |
| 売り | MACDラインがシグナルラインを上から下に交差（5,34,7） | | | | | |
| 買い | MACDラインがシグナルラインを下から上に交差（5,20,9） | 1,041,600 | 70勝64敗 52.24% | 334,800 | -87,000 | -301,200 |
| 売り | MACDラインがシグナルラインを上から下に交差（5,20,9） | | | | | |

図149 MACDによるトレードのシミュレーション（東京白金）

**検証データ：東京白金先限つなぎ足　1997/6/1～2002/5/31**

| ルール | | 損益 | 勝敗（勝率） | 最大勝ちトレード | 最大負けトレード | 最大ドローダウン |
|---|---|---|---|---|---|---|
| 買い | MACDラインがシグナルラインを下から上に交差（12,26,9） | 178,000 | 37勝54敗 40.66% | 162,000 | -86,000 | -298,000 |
| 売り | MACDラインがシグナルラインを上から下に交差（12,26,9） | | | | | |
| 買い | MACDラインがシグナルラインを下から上に交差（5,34,7） | 582,000 | 53勝72敗 42.40% | 239,500 | -79,000 | -224,000 |
| 売り | MACDラインがシグナルラインを上から下に交差（5,34,7） | | | | | |
| 買い | MACDラインがシグナルラインを下から上に交差（5,20,9） | 607,500 | 50勝67敗 42.74% | 220,500 | -71,500 | -251,000 |
| 売り | MACDラインがシグナルラインを上から下に交差（5,20,9） | | | | | |

注1：手数料その他は考慮していない。1回のトレードで1枚売買するものとする
注2：手仕舞いルールはリバーシング（ドテン）するものとする
注3：網掛け部分は本シミュレーションのなかで筆者が最も有効と考えるルール

と特に良い結果になっています。金は−77,000円～661,000円、白金は178,000円～607,500円となっています。

## ■短期の手仕舞いルールではどうか？

次に手仕舞いのルールを変更してみます。

商品ごとに損益が一番良好だったパラメータを用い、手仕舞いルールだけを変更してシミュレーションを行いました。新しい手仕舞

図150 MACDによる短期トレードのシミュレーション（東京金）

| 検証データ：東京金先限つなぎ足 | | | | | | | 1997/6/1～2002/5/31 |
|---|---|---|---|---|---|---|---|
| ルール | | 損益 | 勝敗（勝率） | 最大勝ちトレード | 最大負けトレード | 最大ドローダウン |
| 買い | MACDラインがシグナルラインを下から上に交差（5,20,9） | 527,000 | 70勝73敗 48.95% | 121,000 | -48,000 | -171,000 |
| 売り | MACDラインがシグナルラインを上から下に交差（5,20,9） | | | | | |
| 手仕舞 | 5日後大引け | | | | | |
| 買い | MACDラインがシグナルラインを下から上に交差（5,20,9） | 728,000 | 67勝76敗 46.85% | 240,000 | -48,000 | -276,000 |
| 売り | MACDラインがシグナルラインを上から下に交差（5,20,9） | | | | | |
| 手仕舞 | 10日後大引け | | | | | |
| 買い | MACDラインがシグナルラインを下から上に交差（5,20,9） | 725,000 | 67勝76敗 46.85% | 181,000 | -57,000 | -210,000 |
| 売り | MACDラインがシグナルラインを上から下に交差（5,20,9） | | | | | |
| 手仕舞 | 20日後大引け | | | | | |

注1：手数料その他は考慮していない。1回のトレードで1枚売買するものとする
注2：網掛け部分は本シミュレーションのなかで筆者が最も有効と考えるルール

図151　MACDによる短期トレードのシミュレーション（東京銀）

| 検証データ：東京銀先限つなぎ足 | | | | | | 1997/6/1～2002/5/31 |
|---|---|---|---|---|---|---|
| ルール | | 損益 | 勝敗（勝率） | 最大勝ちトレード | 最大負けトレード | 最大ドローダウン |
| 買い | MACDラインがシグナルラインを下から上に交差（5,34,7） | 873,600 | 70勝55敗 56.00% | 153,600 | -87,000 | -238,200 |
| 売り | MACDラインがシグナルラインを上から下に交差（5,34,7） | | | | | |
| 手仕舞 | 5日後大引け | | | | | |
| 買い | MACDラインがシグナルラインを下から上に交差（5,34,7） | 1,135,200 | 69勝56敗 55.20% | 162,600 | -87,000 | -287,400 |
| 売り | MACDラインがシグナルラインを上から下に交差（5,34,7） | | | | | |
| 手仕舞 | 10日後大引け | | | | | |
| 買い | MACDラインがシグナルラインを下から上に交差（5,34,7） | 1,040,400 | 66勝58敗 53.23% | 214,800 | -87,000 | -240,600 |
| 売り | MACDラインがシグナルラインを上から下に交差（5,34,7） | | | | | |
| 手仕舞 | 20日後大引け | | | | | |

注：手数料その他は考慮していない。1回のトレードで1枚売買するものとする

いルールは、以前のものに①5日後の大引け、②10日後の大引け、③20日後の大引け、の3パターンをそれぞれ加え、より早く手仕舞いできる方を適用するというものです。

結果は図150～図152の通りです。金は短期の手仕舞いルールの方が若干パフォーマンスが改善しています。

図152 MACDによる短期トレードのシミュレーション（東京白金）

| 検証データ：東京白金先限つなぎ足 | | | | 1997/6/1～2002/5/31 | | |
|---|---|---|---|---|---|---|
| ルール | | 損益 | 勝敗（勝率） | 最大勝ちトレード | 最大負けトレード | 最大ドローダウン |
| 買い | MACDラインがシグナルラインを下から上に交差（5,20,9） | 448,000 | 63勝55敗<br>53.39% | 89,000 | -71,500 | -200,000 |
| 売り | MACDラインがシグナルラインを上から下に交差（5,20,9） | | | | | |
| 手仕舞 | 5日後大引け | | | | | |
| 買い | MACDラインがシグナルラインを下から上に交差（5,20,9） | 362,500 | 57勝61敗<br>48.31% | 156,500 | -71,500 | -245,500 |
| 売り | MACDラインがシグナルラインを上から下に交差（5,20,9） | | | | | |
| 手仕舞 | 10日後大引け | | | | | |
| 買い | MACDラインがシグナルラインを下から上に交差（5,20,9） | 703,500 | 50勝67敗<br>42.74% | 220,500 | -71,500 | -251,000 |
| 売り | MACDラインがシグナルラインを上から下に交差（5,20,9） | | | | | |
| 手仕舞 | 20日後大引け | | | | | |

注：手数料その他は考慮していない。1回のトレードで1枚売買するものとする

図153 月次資金残高曲線例（金：MACD　5,20,9　10日後仕切りルール）

図154 月次資金残高曲線例（銀：MACD　5,34,7ルール）

# Q60

## 代表的なトレード手法は有効ですか？ 検証⑦ RSI

**A　RSIは、金、銀で有効です。**

### ■相対力指数（RSI＝Relative Strength Index）とは？

ＲＳＩは相場の「買われ過ぎ、売られ過ぎ」を示すテクニカル指数で、0～100％までの縦軸に合わせて表示されます。通常、30％以

図155　東京金先限つなぎ足チャートとRSI

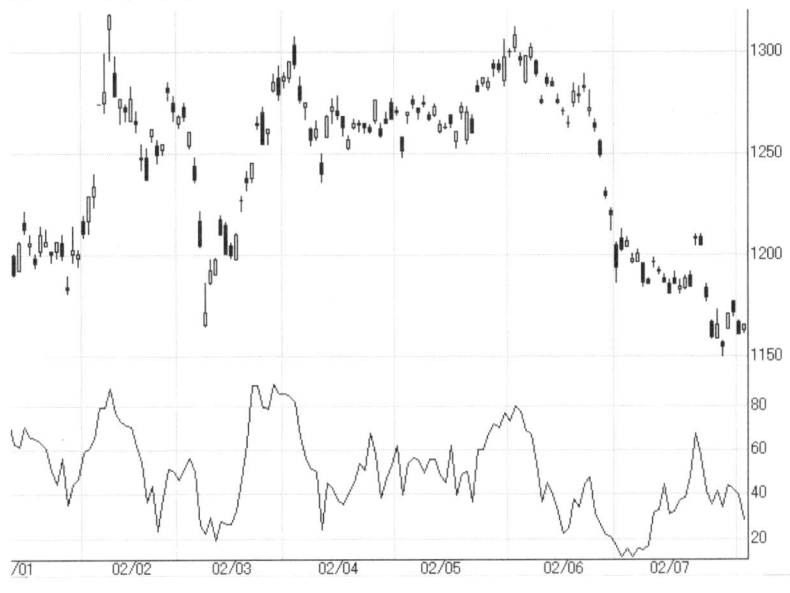

下は売られ過ぎ、70％以上は買われ過ぎとされます。

計算の対象期間は14日間が一般的ですが、それでは売買回数が極端に少なくなり、統計の信頼性が低くなるため、ここでのシミュレーションでは、計算対象期間を９日間とし、35/65％、30/70％、25/75％、20/80％の４通りで検証しました。

ＲＳＩ＝100－100／（１＋Ｘ）

Ｘ＝（前日終値－当日終値がプラスだった分の平均）

÷（前日終値－当日終値がマイナスだった分の平均）

## ■ＲＳＩによるトレードルール

ＲＳＩによるトレーディングは、次のルールで行いました。

**<買いルール>**

**◎仕掛け**

・9日間RSIが、35（30・25・20）を下回ったら、翌日寄り付きで買い

**◎手仕舞（リバーシング（ドテン）すると規定）**

・9日間RSIが、65（70・75・80）を上回ったら、翌日寄り付きで転売

**<売りルール>**

**◎仕掛け**

・9日間RSIが、65（70・75・80）を上回ったら、翌日寄り付きで売り

◎手仕舞(リバーシング(ドテン)すると規定)

・9日間RSIが、35(30・25・20)を下回ったら、翌日寄り付きで買戻し

## ■パフォーマンス

シミュレーション結果は図156～図158の通りです。

損益は、金は134,000円～578,000円、銀は336,600円～501,600円と、良好なパフォーマンスです。白金は-491,500円～-281,000円となっており、この手法は機能しません。

いずれの場合も建て玉期間は長く、最大ドローダウンが大きくなっている傾向があります。

図156 RSIによるトレードのシミュレーション(東京金)

検証データ:東京金先限つなぎ足　1997/6/1～2002/5/31

| ルール | | 損益 | 勝敗(勝率) | 最大勝ちトレード | 最大負けトレード | 最大ドローダウン |
|---|---|---|---|---|---|---|
| 買い | 9日間RSI＜35 | 210,000 | 17勝13敗 56.67% | 142,000 | -104,000 | -246,000 |
| 売り | 9日間RSI＞65 | | | | | |
| 買い | 9日間RSI＜30 | 578,000 | 19勝5敗 79.17% | 178,000 | -128,000 | -254,000 |
| 売り | 9日間RSI＞70 | | | | | |
| 買い | 9日間RSI＜25 | 134,000 | 8勝2敗 80.00% | 136,000 | -243,000 | -369,000 |
| 売り | 9日間RSI＞75 | | | | | |
| 買い | 9日間RSI＜20 | 310,000 | 5勝1敗 83.33% | 156,000 | -123,000 | -283,000 |
| 売り | 9日間RSI＞80 | | | | | |

注1:手数料その他は考慮していない。1回のトレードで1枚売買するものとする
注2:手仕舞いルールはリバーシング(ドテン)するものとする
注3:網掛け部分は本シミュレーションのなかで筆者が最も有効と考えるルール

図157 RSIによるトレードのシミュレーション（東京銀）

| 検証データ：東京銀先限つなぎ足 | | | | 1997/6/1～2002/5/31 | | |
|---|---|---|---|---|---|---|
| ルール | | 損益 | 勝敗（勝率） | 最大勝ちトレード | 最大負けトレード | 最大ドローダウン |
| 買い | 9日間RSI＜35 | 501,600 | 26勝14敗<br>65.00% | 213,000 | -163,800 | -528,600 |
| 売り | 9日間RSI＞65 | | | | | |
| 買い | 9日間RSI＜30 | 336,600 | 18勝5敗<br>78.26% | 223,800 | -378,000 | -729,000 |
| 売り | 9日間RSI＞70 | | | | | |
| 買い | 9日間RSI＜25 | 428,400 | 10勝3敗<br>76.92% | 175,800 | -174,600 | -393,600 |
| 売り | 9日間RSI＞75 | | | | | |
| 買い | 9日間RSI＜20 | 447,000 | 5勝3敗<br>62.50% | 213,000 | -135,000 | -393,600 |
| 売り | 9日間RSI＞80 | | | | | |

図158 RSIによるトレードのシミュレーション（東京白金）

| 検証データ：東京白金先限つなぎ足 | | | | 1997/6/1～2002/5/31 | | |
|---|---|---|---|---|---|---|
| ルール | | 損益 | 勝敗（勝率） | 最大勝ちトレード | 最大負けトレード | 最大ドローダウン |
| 買い | 9日間RSI＜35 | -491,500 | 14勝12敗<br>53.85% | 93,500 | -254,500 | -771,000 |
| 売り | 9日間RSI＞65 | | | | | |
| 買い | 9日間RSI＜30 | -488,000 | 9勝8敗<br>52.94% | 87,000 | -259,000 | -729,000 |
| 売り | 9日間RSI＞70 | | | | | |
| 買い | 9日間RSI＜25 | -450,500 | 7勝8敗<br>46.67% | 110,000 | -263,000 | -738,000 |
| 売り | 9日間RSI＞75 | | | | | |
| 買い | 9日間RSI＜20 | -281,000 | 5勝3敗<br>62.50% | 103,500 | -452,500 | -830,500 |
| 売り | 9日間RSI＞80 | | | | | |

注1：手数料その他は考慮していない。1回のトレードで1枚売買するものとする
注2：手仕舞いルールはリバーシング（ドテン）するものとする

## ■短期の手仕舞いルールはどうか？

次に手仕舞いのルールを変更してみます。

商品ごとに損益が一番良好だったパラメータを用い、手仕舞いルールだけを変更してシミュレーションを行いました。新しい手仕舞いルールは、以前のものに①５日後の大引け、②10日後の大引け、③20日後の大引け、の３パターンをそれぞれ加え、より早く手仕舞いできる方を適用するというものです。

結果は図159～図161の通りです。

金と銀は、建て玉期間が長い方がパフォーマンスは良くなるようです。白金はパフォーマンスに改善がみられませんでした。

図159　RSIによる短期トレードのシミュレーション（東京金）

| 検証データ：東京金先限つなぎ足 | | | | | | 1997/6/1～2002/5/31 |
|---|---|---|---|---|---|---|
| ルール | | 損益 | 勝敗（勝率） | 最大勝ちトレード | 最大負けトレード | 最大ドローダウン |
| 買い | 9日間RSI＜30 | 239,000 | 32勝22敗<br>59.26% | 137,000 | -53,000 | -131,000 |
| 売り | 9日間RSI＞70 | | | | | |
| 手仕舞 | 5日後大引け | | | | | |
| 買い | 9日間RSI＜30 | 438,000 | 30勝17敗<br>63.83% | 172,000 | -75,000 | -206,000 |
| 売り | 9日間RSI＞70 | | | | | |
| 手仕舞 | 10日後大引け | | | | | |
| 買い | 9日間RSI＜30 | 436,000 | 22勝14敗<br>61.11% | 178,000 | -98,000 | -146,000 |
| 売り | 9日間RSI＞70 | | | | | |
| 手仕舞 | 20日後大引け | | | | | |

注：手数料その他は考慮していない。1回のトレードで1枚売買するものとする

図160　RSIによる短期トレードのシミュレーション（東京銀）

| 検証データ：東京銀先限つなぎ足 | | | | 1997/6/1～2002/5/31 | | |
|---|---|---|---|---|---|---|
| ルール | | 損益 | 勝敗（勝率） | 最大勝ちトレード | 最大負けトレード | 最大ドローダウン |
| 買い | 9日間RSI＜20 | | | | | |
| 売り | 9日間RSI＞80 | 31,800 | 10勝7敗<br>58.82% | 145,800 | -96,000 | -116,400 |
| 手仕舞 | 5日後大引け | | | | | |
| 買い | 9日間RSI＜20 | | | | | |
| 売り | 9日間RSI＞80 | 58,800 | 9勝6敗<br>60.00% | 95,400 | -117,600 | -211,200 |
| 手仕舞 | 10日後大引け | | | | | |
| 買い | 9日間RSI＜20 | | | | | |
| 売り | 9日間RSI＞80 | 531,600 | 12勝2敗<br>85.71% | 124,800 | -63,000 | -157,800 |
| 手仕舞 | 20日後大引け | | | | | |

図161　RSIによる短期トレードのシミュレーション（東京白金）

| 検証データ：東京白金先限つなぎ足 | | | | 1997/6/1～2002/5/31 | | |
|---|---|---|---|---|---|---|
| ルール | | 損益 | 勝敗（勝率） | 最大勝ちトレード | 最大負けトレード | 最大ドローダウン |
| 買い | 9日間RSI＜20 | | | | | |
| 売り | 9日間RSI＞80 | -195,000 | 14勝10敗<br>58.33% | 43,500 | -90,500 | -347,000 |
| 手仕舞 | 5日後大引け | | | | | |
| 買い | 9日間RSI＜20 | | | | | |
| 売り | 9日間RSI＞80 | -292,000 | 9勝10敗<br>47.37% | 36,500 | -110,000 | -455,000 |
| 手仕舞 | 5日後大引け | | | | | |
| 買い | 9日間RSI＜20 | | | | | |
| 売り | 9日間RSI＞80 | -271,500 | 5勝13敗<br>27.78% | 85,000 | -155,000 | -491,500 |
| 手仕舞 | 20日後大引け | | | | | |

注1：手数料その他は考慮していない。1回のトレードで1枚売買するものとする
注2：網掛け部分は本シミュレーションのなかで筆者が最も有効と考えるルール

図162 月次資金残高曲線例（金：9日間RSI 30/70ルール）

図163 月次資金残高曲線例（銀：9日間RSI 20/80 20日後手仕舞いルール）

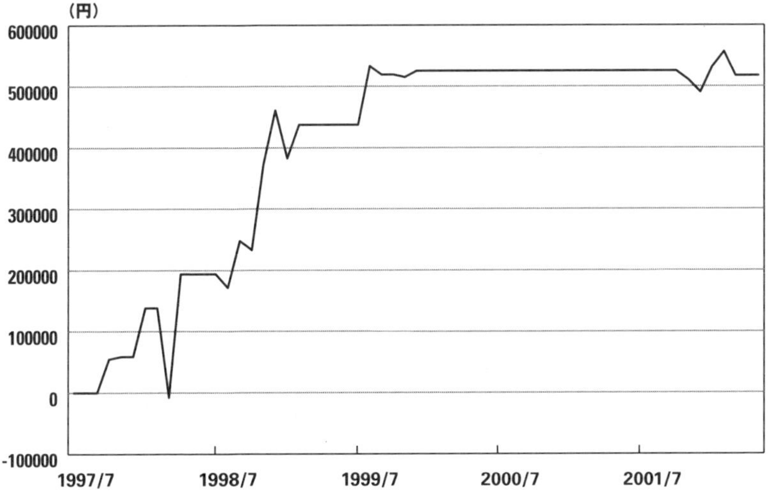

# Q61

## 代表的なトレード手法は有効ですか？
## 検証⑧ ストキャスティクス

**A　ストキャスティクスは、金と銀で有効です。**

### ■ストキャスティクス（Stochastics）とは？

ストキャスティクスは「％Kライン」「％Dライン」と呼ばれる２本のラインを用いて、売買サインを判断できることが特徴です。

図164 東京金先限つなぎ足チャートとスローストキャスティクス

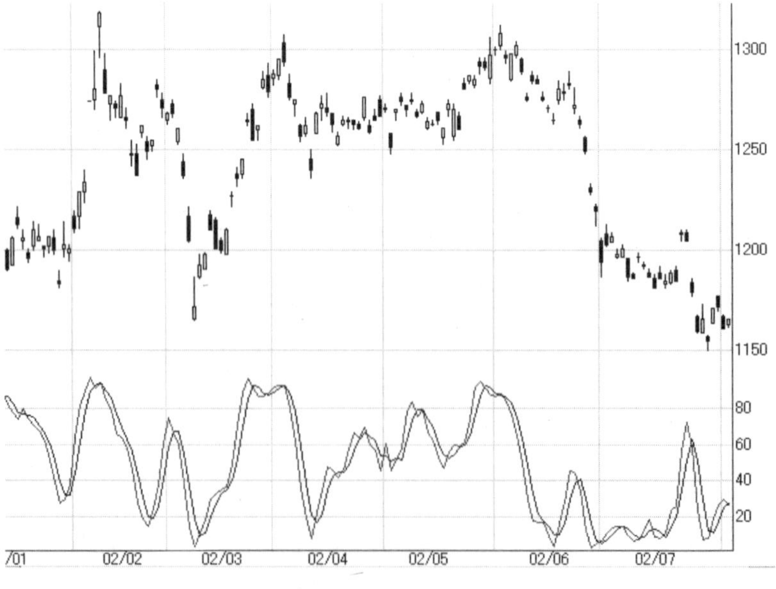

この２本のラインは値動きに敏感すぎて「ダマシ」サインが多くでるため、通常は％Ｋに変えて、％Ｄの移動平均である「ＳＤライン」を使用した、スロー・ストキャスティクスが用いられます。

このシミュレーションでは、10日間スロー・ストキャスティクスを使用し、ＳＤが一定水準より下にあり、かつＳＤを％Ｄが下から上抜いたときを「買いサイン」としました。また、「売りサイン」は、ＳＤが一定水準より上にあり、かつＳＤを％Ｄが上から下抜いたときとしています。

ここではＳＤの水準を、35／65％、30／70％、25／75％、20／80％の、４通りで検証しました。

％Ｋライン＝{(本日終値－過去ｎ日間の最安値)
÷(過去ｎ日間の最高値－過去ｎ日間の最安値)}×100
％Ｄライン＝％Ｋの３日移動平均
％ＳＤライン＝％Ｄラインの３日移動平均

## ■ストキャスティクスによるトレードルール

ストキャスティクスによるトレーディングは、次に挙げるルールで行いました。

**＜買いルール＞**

**◎仕掛け**

・10日間Slow Dが35（30・25・20）以下のとき、Slow KがSlow D

**を上回ったら、翌日寄り付きで買い**

**◎手仕舞（リバーシング（ドテン）すると規定）**

**・10日間Slow Dが65（70・75・80）以上のとき、Slow KがSlow Dを下回ったら、翌日寄り付きで転売**

**<売りルール>**

**◎仕掛け**

**・10日間Slow Dが65（70・75・80）以上のとき、Slow KがSlow Dを下回ったら、翌日寄り付きで売り**

**◎手仕舞（リバーシング（ドテン）すると規定）**

**・10日間Slow Dが35（30・25・20）以下のとき、Slow KがSlow Dを上回ったら、翌日寄り付きで買戻し**

## ■パフォーマンス

シミュレーション結果は、図165～図167の通りです。

損益は、金が180,000円～730,000円、銀が−212,400円～1,095,000円、白金が−734,500円～137,500円となっています。金と銀でストキャスティクスによるトレードは有効であるという結果がでました。白金は有効に機能しませんでした。

図165 スロー・ストキャスティクスによるトレードのシミュレーション（東京金）

| 検証データ：東京金先限つなぎ足 | | | | | | 1997/6/1～2002/5/31 |
|---|---|---|---|---|---|---|
| ルール | | 損益 | 勝敗（勝率） | 最大勝ちトレード | 最大負けトレード | 最大ドローダウン |
| 買い | 10日間SlowD＜35かつ SlowK＞SlowD | 180,000 | 23勝15敗 60.53% | 168,000 | -177,000 | -303,000 |
| 売り | 10日間SlowD＞65かつ SlowK＜SlowD | | | | | |
| 買い | 10日間SlowD＜30かつ SlowK＞SlowD | 367,000 | 19勝11敗 63.33% | 168,000 | -101,000 | -259,000 |
| 売り | 10日間SlowD＞70かつ SlowK＜SlowD | | | | | |
| 買い | 10日間SlowD＜25かつ SlowK＞SlowD | 730,000 | 16勝6敗 72.73% | 168,000 | -32,000 | -236,000 |
| 売り | 10日間SlowD＞75かつ SlowK＜SlowD | | | | | |
| 買い | 10日間SlowD＜20かつ SlowK＞SlowD | 646,000 | 11勝5敗 68.75% | 168,000 | -39,000 | -236,000 |
| 売り | 10日間SlowD＞80かつ SlowK＜SlowD | | | | | |

図166 スロー・ストキャスティクスによるトレードのシミュレーション（東京銀）

| 検証データ：東京銀先限つなぎ足 | | | | | | 1997/6/1～2002/5/31 |
|---|---|---|---|---|---|---|
| ルール | | 損益 | 勝敗（勝率） | 最大勝ちトレード | 最大負けトレード | 最大ドローダウン |
| 買い | 10日間SlowD＜35かつ SlowK＞SlowD | 768,600 | 31勝17敗 64.58% | 223,800 | -134,400 | -340,200 |
| 売り | 10日間SlowD＞65かつ SlowK＜SlowD | | | | | |
| 買い | 10日間SlowD＜30かつ SlowK＞SlowD | 1,095,000 | 28勝12敗 70.00% | 223,800 | -134,400 | -340,200 |
| 売り | 10日間SlowD＞70かつ SlowK＜SlowD | | | | | |
| 買い | 10日間SlowD＜25かつ SlowK＞SlowD | 607,200 | 18勝9敗 66.67% | 223,800 | -257,400 | -463,200 |
| 売り | 10日間SlowD＞75かつ SlowK＜SlowD | | | | | |
| 買い | 10日間SlowD＜20かつ SlowK＞SlowD | -212,400 | 7勝5敗 58.33% | 64,200 | -212,400 | -498,000 |
| 売り | 10日間SlowD＞80かつ SlowK＜SlowD | | | | | |

注1：手数料その他は考慮していない。1回のトレードで1枚売買するものとする
注2：手仕舞いルールはリバーシング（ドテン）するものとする
注3：網掛け部分は本シミュレーションのなかで筆者が最も有効と考えるルール

図167 スロー・ストキャスティクスによるトレードのシミュレーション（東京白金）

**検証データ：東京白金先限つなぎ足　　1997/6/1～2002/5/31**

| ルール | | 損益 | 勝敗（勝率） | 最大勝ちトレード | 最大負けトレード | 最大ドローダウン |
|---|---|---|---|---|---|---|
| 買い | 10日間SlowD＜35かつSlowK＞SlowD | -734,500 | 14勝14敗 50.00% | 77,000 | -248,500 | -847,500 |
| 売り | 10日間SlowD＞65かつSlowK＜SlowD | | | | | |
| 買い | 10日間SlowD＜30かつSlowK＞SlowD | -179,000 | 15勝10敗 60.00% | 205,500 | -248,500 | -647,500 |
| 売り | 10日間SlowD＞70かつSlowK＜SlowD | | | | | |
| 買い | 10日間SlowD＜25かつSlowK＞SlowD | -17,500 | 11勝8敗 57.89% | 201,500 | -248,500 | -425,000 |
| 売り | 10日間SlowD＞75かつSlowK＜SlowD | | | | | |
| 買い | 10日間SlowD＜20かつSlowK＞SlowD | 137,500 | 9勝3敗 75.00% | 222,500 | -312,500 | -650,500 |
| 売り | 10日間SlowD＞80かつSlowK＜SlowD | | | | | |

注1：手数料その他は考慮していない。1回のトレードで1枚売買するものとする
注2：手仕舞いルールはリバーシング（ドテン）するものとする

## ■短期の手仕舞いルールはどうか？

次に手仕舞いのルールを変更してみます。

商品ごとに損益が一番良好だったパラメータを用い、手仕舞いルールだけを変更してシミュレーションを行いました。新しい手仕舞いルールは、以前のものに①５日後の大引け、②10日後の大引け、③20日後の大引け、の３パターンをそれぞれ加え、より早く手仕舞いできる方を適用するというものです。

結果は図168～図170の通りです。

金と銀はＲＳＩと同様、建玉期間が長い方がパフォーマンスが良くなります。白金は損益がマイナスになりました。

図168　スロー・ストキャスティクスによる短期トレードのシミュレーション（東京金）

| 検証データ：東京金先限つなぎ足 | | | | 1997/6/1～2002/5/31 | | |
|---|---|---|---|---|---|---|
| ルール | | 損益 | 勝敗（勝率） | 最大勝ちトレード | 最大負けトレード | 最大ドローダウン |
| 買い | 10日間SlowD<25かつ SlowK>SlowD | 206,000 | 29勝23敗 55.77% | 58,000 | -48,000 | -138,000 |
| 売り | 10日間SlowD>75かつ SlowK<SlowD | | | | | |
| 手仕舞 | 5日後大引け | | | | | |
| 買い | 10日間SlowD<25かつ SlowK>SlowD | 317,000 | 28勝17敗 62.22% | 141,000 | -69,000 | -155,000 |
| 売り | 10日間SlowD>75かつ SlowK<SlowD | | | | | |
| 手仕舞 | 10日後大引け | | | | | |
| 買い | 10日間SlowD<25かつ SlowK>SlowD | 677,000 | 26勝11敗 70.27% | 203,000 | -106,000 | -219,000 |
| 売り | 10日間SlowD>75かつ SlowK<SlowD | | | | | |
| 手仕舞 | 20日後大引け | | | | | |

注：手数料その他は考慮していない。1回のトレードで1枚売買するものとする

図169　スロー･ストキャスティクスによる短期トレードのシミュレーション（東京銀）

**検証データ：東京銀先限つなぎ足　　1997/6/1～2002/5/31**

| ルール | | 損益 | 勝敗（勝率） | 最大勝ちトレード | 最大負けトレード | 最大ドローダウン |
|---|---|---|---|---|---|---|
| 買い | 10日間SlowD＜30かつSlowK＞SlowD | 22,800 | 39勝29敗 57.35% | 145,800 | -98,400 | -375,000 |
| 売り | 10日間SlowD＞70かつSlowK＜SlowD | | | | | |
| 手仕舞 | 5日後大引け | | | | | |
| 買い | 10日間SlowD＜30かつSlowK＞SlowD | 360,000 | 39勝23敗 62.90% | 209,400 | -202,200 | -309,600 |
| 売り | 10日間SlowD＞70かつSlowK＜SlowD | | | | | |
| 手仕舞 | 10日後大引け | | | | | |
| 買い | 10日間SlowD＜30かつSlowK＞SlowD | 823,800 | 34勝17敗 66.67% | 223,800 | -215,400 | -231,600 |
| 売り | 10日間SlowD＞70かつSlowK＜SlowD | | | | | |
| 手仕舞 | 20日後大引け | | | | | |

図170　スロー･ストキャスティクスによる短期トレードのシミュレーション（東京白金）

**検証データ：東京白金先限つなぎ足　　1997/6/1～2002/5/31**

| ルール | | 損益 | 勝敗（勝率） | 最大勝ちトレード | 最大負けトレード | 最大ドローダウン |
|---|---|---|---|---|---|---|
| 買い | 10日間SlowD＜20かつSlowK＞SlowD | -329,000 | 12勝13敗 48.00% | 43,500 | -89,500 | -378,000 |
| 売り | 10日間SlowD＞80かつSlowK＜SlowD | | | | | |
| 手仕舞 | 5日後大引け | | | | | |
| 買い | 10日間SlowD＜20かつSlowK＞SlowD | -149,000 | 7勝15敗 31.82% | 140,500 | -141,000 | -289,500 |
| 売り | 10日間SlowD＞80かつSlowK＜SlowD | | | | | |
| 手仕舞 | 10日後大引け | | | | | |
| 買い | 10日間SlowD＜20かつSlowK＞SlowD | -481,500 | 6勝9敗 31.58% | 108,500 | -141,000 | -678,000 |
| 売り | 10日間SlowD＞80かつSlowK＜SlowD | | | | | |
| 手仕舞 | 20日後大引け | | | | | |

注：手数料その他は考慮していない。1回のトレードで1枚売買するものとする

図171 月次資金残高曲線例（金：10日間スローストキャスティクス25/75ルール）

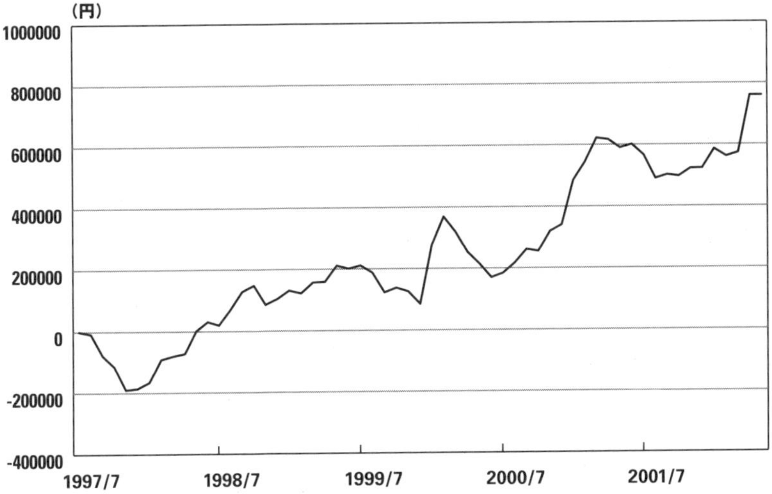


図172 月次資金残高曲線例（銀：10日間スローストキャスティクス30/70ルール）

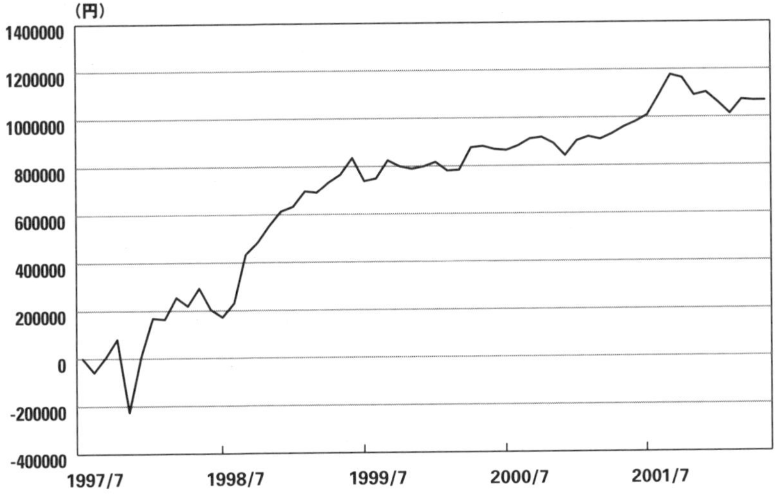

# Q62

## 代表的なトレード手法は有効ですか？
## 検証⑨ モメンタム

**A　モメンタムは、銀で有効です。**

### ■モメンタムとは？

モメンタムは価格の変化度を見るもので、今日の終値と一定期間前の終値を比べます。今日の終値が一定期間前の終値より高い場合は、上昇トレンドと判断し、反対に安い場合は下降トレンドと判断します。

ここでのシミュレーションは、終値がｎ日前の終値より高い場合に買い、安い場合に売りというルールを用い、５日、10日、20日、30日、40日の５通りを検証してみました。

モメンタム＝今日の終値－ｎ日前の終値

### ■モメンタムによるトレードルール

モメンタムによるトレーディングは、次のルールで行いました。

**<買いルール>**

**◎仕掛け**

**・終値が5(10・20・30・40)日前の終値より高ければ、翌日の寄り付きで買い**

**◎手仕舞（リバーシング（ドテン）すると規定)**

・終値が5（10・20・30・40）日前の終値より安ければ、翌日の寄り付きで転売

**＜売りルール＞**

**◎仕掛け**

・終値が5（10・20・30・40）日前の終値より安ければ、翌日の寄り付きで売り

**◎手仕舞（リバーシング（ドテン）すると規定）**

・終値が5（10・20・30・40）日前の終値より高ければ、翌日の寄り付きで買戻し

## ■パフォーマンス

シミュレーション結果は、図173～図175の通りです。

損益は、金が−476,000円～701,000円、銀が−726,000円～936,000

図173　モメンタムによるトレードのシミュレーション（東京金）

**検証データ：東京金先限つなぎ足　1997/6/1～2002/5/31**

| ルール | | 損益 | 勝敗（勝率） | 最大勝ちトレード | 最大負けトレード | 最大ドローダウン |
|---|---|---|---|---|---|---|
| 買い | 終値＞5日前の終値 | 701,000 | 99勝132敗 42.86% | 207,000 | -58,000 | -243,000 |
| 売り | 終値＜5日前の終値 | | | | | |
| 買い | 終値＞10日前の終値 | 37,000 | 76勝115敗 39.79% | 131,000 | -66,000 | -270,000 |
| 売り | 終値＜10日前の終値 | | | | | |
| 買い | 終値＞20日前の終値 | -239,000 | 50勝74敗 40.32% | 81,000 | -115,000 | -324,000 |
| 売り | 終値＜20日前の終値 | | | | | |
| 買い | 終値＞30日前の終値 | -476,000 | 45勝74敗 37.82% | 160,000 | -56,000 | -500,000 |
| 売り | 終値＜30日前の終値 | | | | | |
| 買い | 終値＞40日前の終値 | -385,000 | 27勝60敗 31.03% | 196,000 | -50,000 | -464,000 |
| 売り | 終値＜40日前の終値 | | | | | |

注1：手数料その他は考慮していない。1回のトレードで1枚売買するものとする
注2：手仕舞いルールはリバーシング（ドテン）するものとする

図174　モメンタムによるトレードのシミュレーション（東京銀）

| 検証データ：東京銀先限つなぎ足 | | | | 1997/6/1～2002/5/31 | | |
|---|---|---|---|---|---|---|
| ルール | | 損益 | 勝敗（勝率） | 最大勝ちトレード | 最大負けトレード | 最大ドローダウン |
| 買い | 終値＞5日前の終値 | 936,000 | 106勝86敗<br>54.36% | 360,000 | -120,000 | -504,000 |
| 売り | 終値＜5日前の終値 | | | | | |
| 買い | 終値＞10日前の終値 | 420,000 | 67勝66敗<br>50.38% | 324,000 | -120,000 | -330,000 |
| 売り | 終値＜10日前の終値 | | | | | |
| 買い | 終値＞20日前の終値 | -726,000 | 37勝49敗<br>43.02% | -96,000 | -210,000 | -834,000 |
| 売り | 終値＜20日前の終値 | | | | | |
| 買い | 終値＞30日前の終値 | -366,000 | 38勝62敗<br>38.00% | 282,000 | -120,000 | -768,000 |
| 売り | 終値＜30日前の終値 | | | | | |
| 買い | 終値＞40日前の終値 | -48,000 | 52勝52敗<br>50.00% | 324,000 | -90,000 | -624,000 |
| 売り | 終値＜40日前の終値 | | | | | |

図175　モメンタムによるトレードのシミュレーション（東京白金）

| 検証データ：東京白金先限つなぎ足 | | | | 1997/6/1～2002/5/31 | | |
|---|---|---|---|---|---|---|
| ルール | | 損益 | 勝敗（勝率） | 最大勝ちトレード | 最大負けトレード | 最大ドローダウン |
| 買い | 終値＞5日前の終値 | 457,500 | 111勝138敗<br>44.58% | 172,000 | -91,000 | -340,000 |
| 売り | 終値＜5日前の終値 | | | | | |
| 買い | 終値＞10日前の終値 | 213,000 | 41勝79敗<br>34.17% | 294,000 | -73,000 | -267,000 |
| 売り | 終値＜10日前の終値 | | | | | |
| 買い | 終値＞20日前の終値 | 213,000 | 41勝79敗<br>34.17% | 294,000 | -73,000 | -267,000 |
| 売り | 終値＜20日前の終値 | | | | | |
| 買い | 終値＞30日前の終値 | 152,000 | 36勝69敗<br>34.29% | 242,500 | -75,000 | -223,500 |
| 売り | 終値＜30日前の終値 | | | | | |
| 買い | 終値＞40日前の終値 | 408,000 | 28勝51敗<br>35.44% | 274,000 | -51,500 | -155,000 |
| 売り | 終値＜40日前の終値 | | | | | |

注1：手数料その他は考慮していない。1回のトレードで1枚売買するものとする
注2：手仕舞いルールはリバーシング（ドテン）するものとする
注3：網掛け部分は本シミュレーションのなかで筆者が最も有効と考えるルール

円、白金が152,000円～457,500円となりました。

モメンタムによるトレードは、銀で有効という結果です。

## ■短期の手仕舞いルールはどうか？

次に手仕舞いのルールを変更してみます。

商品ごとに損益が一番良好だったパラメータを用い、手仕舞いルールだけを変更してシミュレーションを行いました。新しい手仕舞いルールは、以前のものに①翌日の大引け、②５日後の大引け、③

図176 モメンタムによる短期トレードのシミュレーション（東京金）

| 検証データ：東京金先限つなぎ足 | | | | | | 1997/6/1～2002/5/31 |
|---|---|---|---|---|---|---|
| ルール | | 損益 | 勝敗（勝率） | 最大勝ちトレード | 最大負けトレード | 最大ドローダウン |
| 買い | 終値＞5日前の終値 | 732,000 | 330勝320敗 50.77% | 80,000 | -38,000 | -165,000 |
| 売り | 終値＜5日前の終値 | | | | | |
| 手仕舞 | 翌日大引け | | | | | |
| 買い | 終値＞5日前の終値 | 733,000 | 158勝162敗 49.38% | 123,000 | -58,000 | -217,000 |
| 売り | 終値＜5日前の終値 | | | | | |
| 手仕舞 | 5日後大引け | | | | | |
| 買い | 終値＞5日前の終値 | 708,000 | 107勝148敗 41.96% | 204,000 | -58,000 | -243,000 |
| 売り | 終値＜5日前の終値 | | | | | |
| 手仕舞 | 10日後大引け | | | | | |
| 買い | 終値＞5日前の終値 | 692,000 | 99勝133敗 42.67% | 207,000 | -58,000 | -243,000 |
| 売り | 終値＜5日前の終値 | | | | | |
| 手仕舞 | 20日後大引け | | | | | |

注：手数料その他は考慮していない。1回のトレードで1枚売買するものとする

図177 モメンタムによる短期トレードのシミュレーション（東京銀）

| 検証データ：東京銀先限つなぎ足 | | | | | | 1997/6/1～2002/5/31 |
|---|---|---|---|---|---|---|
| ルール | | 損益 | 勝敗（勝率） | 最大勝ちトレード | 最大負けトレード | 最大ドローダウン |
| 買い | 終値＞5日前の終値 | 744,000 | 381勝230敗<br>62.36% | 72,000 | -66,000 | -306,000 |
| 売り | 終値＜5日前の終値 | | | | | |
| 手仕舞 | 翌日大引け | | | | | |
| 買い | 終値＞5日前の終値 | 786,000 | 164勝131敗<br>55.59% | 180,000 | -120,000 | -450,000 |
| 売り | 終値＜5日前の終値 | | | | | |
| 手仕舞 | 5日後大引け | | | | | |
| 買い | 終値＞5日前の終値 | 918,000 | 122勝103敗<br>54.22% | 234,000 | -120,000 | -552,000 |
| 売り | 終値＜5日前の終値 | | | | | |
| 手仕舞 | 10日後大引け | | | | | |
| 買い | 終値＞5日前の終値 | 882,000 | 108勝91敗<br>54.27% | 228,000 | -120,000 | -504,000 |
| 売り | 終値＜5日前の終値 | | | | | |
| 手仕舞 | 20日後大引け | | | | | |

注：手数料その他は考慮していない。1回のトレードで1枚売買するものとする

10日後の大引け、④20日後の大引け、の４パターンをそれぞれ加え、より早く手仕舞いできる方を適用するというものです。

結果は図176～図178の通りです。

ポジションの保有期間が短いものほど、金は勝率の上昇と損益の増加、銀は勝率の上昇、白金は勝率の上昇と損益の増加という結果になっていることがわかります。

図178 モメンタムによる短期トレードのシミュレーション（東京白金）

| 検証データ：東京白金先限つなぎ足 | | | | | | 1997/6/1～2002/5/31 |
|---|---|---|---|---|---|---|
| ルール | | 損益 | 勝敗（勝率） | 最大勝ちトレード | 最大負けトレード | 最大ドローダウン |
| 買い | 終値＞5日前の終値 | 730,000 | 344勝303敗 53.17% | 62,500 | -83,000 | -249,000 |
| 売り | 終値＜5日前の終値 | | | | | |
| 手仕舞 | 翌日大引け | | | | | |
| 買い | 終値＞5日前の終値 | 680,500 | 141勝156敗 47.47% | 124,500 | -69,000 | -273,000 |
| 売り | 終値＜5日前の終値 | | | | | |
| 手仕舞 | 5日後大引け | | | | | |
| 買い | 終値＞5日前の終値 | 465,000 | 203勝281敗 41.94% | 140,500 | -91,000 | -365,500 |
| 売り | 終値＜5日前の終値 | | | | | |
| 手仕舞 | 10日後大引け | | | | | |
| 買い | 終値＞5日前の終値 | 422,500 | 188勝260敗 41.96% | 172,000 | -91,000 | -340,000 |
| 売り | 終値＜5日前の終値 | | | | | |
| 手仕舞 | 20日後大引け | | | | | |

注：手数料その他は考慮していない。1回のトレードで1枚売買するものとする

図179 月次資金残高曲線例（銀：5日モメンタムルール）

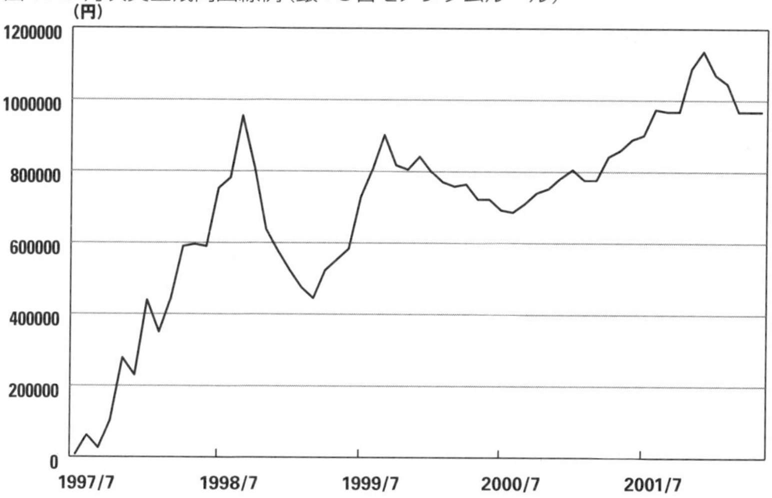

# Q63

## 代表的なトレード手法は有効ですか？ 検証⑩ OBV

**A　OBVは、銀、白金で有効です。**

### ■ＯＢＶとは？

ＯＢＶとは、オン・バランス・ボリューム＝累積騰落出来高のことをいいます。前日より高く引けた日の出来高を前日までの出来高にプラスし、前日より安く引けた日はマイナスして日々累積していきます。したがって、価格が上昇しているときはＯＢＶ曲線も上昇し、価格が下落しているときはＯＢＶ曲線も下落します。

### ■ＯＢＶの移動平均線でシミュレーション

このシミュレーションでは、移動平均線の手法を応用して「ＯＢＶがＯＢＶのｎ日移動平均を上回ったら買い、下回ったら売り」とし、ｎ＝10、20、30、40、50の５パターンで検証しました。

### ■ＯＢＶによるトレードルール

ＯＢＶによるトレーディングは、次のルールで行いました。

**<買いルール>**

**◎仕掛け**

・ＯＢＶがＯＢＶの10（20・30・40・50）日移動平均を上回ったら、翌日寄り付きで買い

**◎手仕舞（リバーシング（ドテン）すると規定）**

・ＯＢＶがＯＢＶの10（20・30・40・50）日移動平均を下回ったら、翌日寄り付きで転売

**<売りルール>**

**◎仕掛け**

・ＯＢＶがＯＢＶの10（20・30・40・50）日移動平均を下回ったら、翌日寄り付きで売り

**◎手仕舞（リバーシング（ドテン）すると規定）**

・ＯＢＶがＯＢＶの10（20・30・40・50）日移動平均を上回ったら、翌日寄り付きで買戻し

### ■パフォーマンス

シミュレーション結果は、図180～図182の通りです。

勝率はいずれも50％を下回っているものの、比較的良好な結果がでています。損益は、白金が261,000円～909,500円と特に良好です。金は−41,000円～509,000円、銀は23,400円～735,600円となっています。

図180　OBVによるトレードのシミュレーション（東京金）

**検証データ：東京金先限つなぎ足　1997/6/1～2002/5/31**

| ルール | | 損益 | 勝敗（勝率） | 最大勝ちトレード | 最大負けトレード | 最大ドローダウン |
|---|---|---|---|---|---|---|
| 買い | OBV＞OBVの10日MA | 509,000 | 95勝117敗 44.81% | 129,000 | -52,000 | -223,000 |
| 売り | OBV＜OBVの10日MA | | | | | |
| 買い | OBV＞OBVの20日MA | 407,000 | 63勝75敗 45.65% | 115,000 | -49,000 | -143,000 |
| 売り | OBV＜OBVの20日MA | | | | | |
| 買い | OBV＞OBVの30日MA | 119,000 | 55勝67敗 45.08% | 158,000 | -132,000 | -290,000 |
| 売り | OBV＜OBVの30日MA | | | | | |
| 買い | OBV＞OBVの40日MA | 61,000 | 46勝62敗 42.59% | 178,000 | -100,000 | -236,000 |
| 売り | OBV＜OBVの40日MA | | | | | |
| 買い | OBV＞OBVの50日MA | -41,000 | 51勝49敗 51.00% | 141,000 | -105,000 | -275,000 |
| 売り | OBV＜OBVの50日MA | | | | | |

図181　OBVによるトレードのシミュレーション（東京銀）

**検証データ：東京銀先限つなぎ足　1997/6/1～2002/5/31**

| ルール | | 損益 | 勝敗（勝率） | 最大勝ちトレード | 最大負けトレード | 最大ドローダウン |
|---|---|---|---|---|---|---|
| 買い | OBV＞OBVの10日MA | 735,600 | 88勝100敗 46.81% | 189,600 | -94,200 | -372,000 |
| 売り | OBV＜OBVの10日MA | | | | | |
| 買い | OBV＞OBVの20日MA | 730,800 | 64勝50敗 56.14% | 162,000 | -86,400 | -132,000 |
| 売り | OBV＜OBVの20日MA | | | | | |
| 買い | OBV＞OBVの30日MA | 153,600 | 35勝55敗 38.88% | 371,400 | -147,000 | -433,200 |
| 売り | OBV＜OBVの30日MA | | | | | |
| 買い | OBV＞OBVの40日MA | 23,400 | 29勝47敗 38.16% | 381,000 | -147,000 | -546,000 |
| 売り | OBV＜OBVの40日MA | | | | | |
| 買い | OBV＞OBVの50日MA | 243,000 | 33勝41敗 44.59% | 297,600 | -77,400 | -291,000 |
| 売り | OBV＜OBVの50日MA | | | | | |

図182 OBVによるトレードのシミュレーション（東京白金）

| 検証データ：東京白金先限つなぎ足 | | | | 1997/6/1～2002/5/31 | | |
|---|---|---|---|---|---|---|
| ルール | | 損益 | 勝敗（勝率） | 最大勝ちトレード | 最大負けトレード | 最大ドローダウン |
| 買い | OBV＞OBVの10日MA | 706,500 | 95勝142敗<br>40.08% | 219,000 | -61,500 | -276,000 |
| 売り | OBV＜OBVの10日MA | | | | | |
| 買い | OBV＞OBVの20日MA | 909,500 | 65勝88敗<br>42.48% | 273,000 | -67,000 | -237,500 |
| 売り | OBV＜OBVの20日MA | | | | | |
| 買い | OBV＞OBVの30日MA | 763,500 | 50勝69敗<br>42.02% | 231,000 | -63,500 | -101,000 |
| 売り | OBV＜OBVの30日MA | | | | | |
| 買い | OBV＞OBVの40日MA | 261,000 | 44勝93敗<br>32.12% | 263,500 | -84,000 | -174,000 |
| 売り | OBV＜OBVの40日MA | | | | | |
| 買い | OBV＞OBVの50日MA | 567,000 | 36勝61敗<br>37.11% | 279,500 | -55,000 | -129,000 |
| 売り | OBV＜OBVの50日MA | | | | | |

注1：手数料その他は考慮していない。1回のトレードで1枚売買するものとする
注2：手仕舞いルールはリバーシング（ドテン）するものとする
注3：MAはmoving average（移動平均）の略
注4：網掛け部分は本シミュレーションのなかで筆者が最も有効と考えるルール

## ■短期の手仕舞いルールはどうか？

次に手仕舞いのルールを変更してみます。

商品ごとに損益が一番良好だったパラメータを用い、手仕舞いルールだけを変更してシミュレーションを行いました。新しい手仕舞いルールは、以前のものに①５日後の大引け、②10日後の大引け、③20日後の大引け、の３パターンをそれぞれ加え、より早く手仕舞いできる方を適用するというものです。

結果は図183～図185の通りです。

図183　OBVによる短期トレードのシミュレーション（東京金）

| 検証データ：東京金先限つなぎ足 | | | | | | 1997/6/1～2002/5/31 |
|---|---|---|---|---|---|---|
| ルール | | 損益 | 勝敗（勝率） | 最大勝ちトレード | 最大負けトレード | 最大ドローダウン |
| 買い | OBV>OBVの10日MA | 506,000 | 154勝166敗 48.13% | 106,000 | -53,000 | -256,000 |
| 売り | OBV<OBVの10日MA | | | | | |
| 手仕舞 | 5日後大引け | | | | | |
| 買い | OBV>OBVの10日MA | 492,000 | 112勝141敗 44.27% | 133,000 | -55,000 | -243,000 |
| 売り | OBV<OBVの10日MA | | | | | |
| 手仕舞 | 10日後大引け | | | | | |
| 買い | OBV>OBVの10日MA | 510,000 | 96勝122敗 44.04% | 129,000 | -52,000 | -219,000 |
| 売り | OBV<OBVの10日MA | | | | | |
| 手仕舞 | 20日後大引け | | | | | |

図184 OBVによる短期トレードのシミュレーション（東京銀）

検証データ：東京銀先限つなぎ足　1997/6/1～2002/5/31

| ルール | | 損益 | 勝敗（勝率） | 最大勝ちトレード | 最大負けトレード | 最大ドローダウン |
|---|---|---|---|---|---|---|
| 買い | OBV>OBVの20日MA | 533,400 | 139勝123敗 53.05% | 153,600 | -111,600 | -257,400 |
| 売り | OBV<OBVの20日MA | | | | | |
| 手仕舞 | 5日後大引け | | | | | |
| 買い | OBV>OBVの20日MA | 763,800 | 94勝84敗 52.81% | 198,600 | -179,400 | -231,000 |
| 売り | OBV<OBVの20日MA | | | | | |
| 手仕舞 | 10日後大引け | | | | | |
| 買い | OBV>OBVの20日MA | 846,600 | 70勝65敗 51.85% | 169,800 | -103,800 | -204,000 |
| 売り | OBV<OBVの20日MA | | | | | |
| 手仕舞 | 20日後大引け | | | | | |

図185 OBVによる短期トレードのシミュレーション（東京白金）

検証データ：東京白金先限つなぎ足　1997/6/1～2002/5/31

| ルール | | 損益 | 勝敗（勝率） | 最大勝ちトレード | 最大負けトレード | 最大ドローダウン |
|---|---|---|---|---|---|---|
| 買い | OBV>OBVの20日MA | 995,000 | 137勝155敗 46.92% | 126,500 | -65,000 | -215,000 |
| 売り | OBV<OBVの20日MA | | | | | |
| 手仕舞 | 5日後大引け | | | | | |
| 買い | OBV>OBVの20日MA | 921,000 | 102勝110敗 48.11% | 128,000 | -57,500 | -229,500 |
| 売り | OBV<OBVの20日MA | | | | | |
| 手仕舞 | 10日後大引け | | | | | |
| 買い | OBV>OBVの20日MA | 877,500 | 77勝95敗 44.77% | 163,500 | -91,500 | -236,500 |
| 売り | OBV<OBVの20日MA | | | | | |
| 手仕舞 | 20日後大引け | | | | | |

注1：手数料その他は考慮していない。1回のトレードで1枚売買するものとする
注2：MAはmoving average（移動平均）の略
注3：網掛け部分は本シミュレーションのなかで筆者が最も有効と考えるルール

図186 月次資金残高曲線例(銀：20日OBV移動平均 20日後手仕舞いルール)

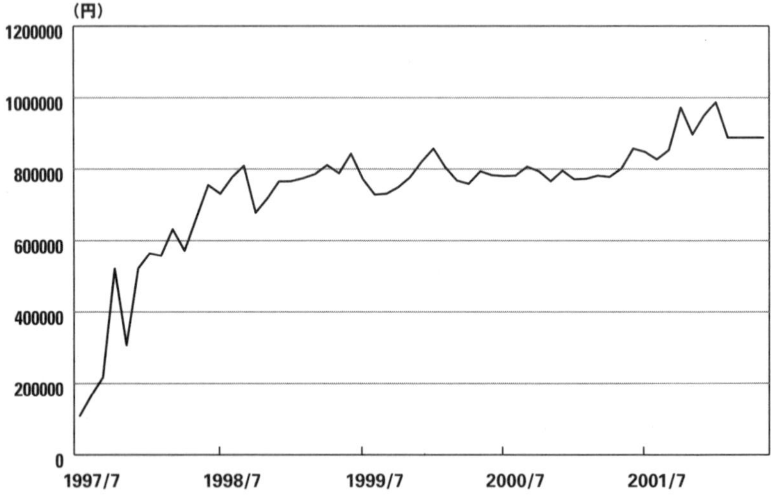


図187 月次資金残高曲線例(白金：20日OBV移動平均ルール)

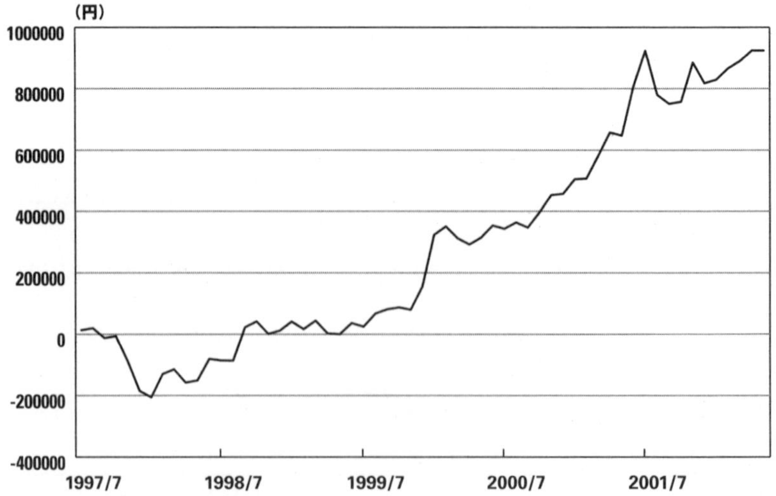

# Q64

## 金のトレード戦略を示してください
## OBVのRSI

### A　OBVを用いたRSIシステムを紹介します。

### ■終値のＲＳＩではなくＯＢＶのＲＳＩを用いる

Q60の検証で、金にはＲＳＩが有効というシミュレーション結果がでました。しかし、通常のＲＳＩは大きなトレンドが発生したときに、「ダマシ」シグナルが多発します。

そこで、終値の代わりにＯＢＶを用いるシステムを考えました。ＯＢＶは強気と弱気の勢力を数値化したもの。このＯＢＶの数値が極端に上昇し、相場が総強気になったところを売り、逆にＯＢＶの数値が極端に下降し、相場が総弱気になったところを買おうとする逆張りシステムです。

### ■トレードルール

**＜買いルール＞**

**◎仕掛け**

**・ＯＢＶの14日間ＲＳＩが30を下回ったら、翌日寄り付きで買い**

**◎手仕舞（リバーシング（ドテン）すると規定）**

**・ＯＢＶの14日間ＲＳＩが70を上回ったら、翌日寄り付きで転売**

**＜売りルール＞**

**◎仕掛け**

**・ＯＢＶの14日間ＲＳＩが70を上回ったら、翌日寄り付きで売り**

**◎手仕舞（リバーシング（ドテン）すると規定）**

**・ＯＢＶの14日間ＲＳＩが30を下回ったら、翌日寄り付きで買戻し**

## ■パフォーマンス

シミュレーション結果は、図188の通りです。

損益は560,000円。勝率も高く「損益÷売買回数」の値も40,000円を超えており、良好なパフォーマンスです。なお、平均の建玉期間は約90日間でした。

図188 OBVのRSIによるトレードのシミュレーション（東京金）

| 検証データ：東京金先限つなぎ足 | | | | 1997/6/1～2002/5/31 | | |
|---|---|---|---|---|---|---|
| ルール | | 損益 | 勝敗（勝率） | 最大勝ちトレード | 最大負けトレード | 最大ドローダウン |
| 買い | OBVの14日RSI＜30 | 560,000 | 10勝2敗<br>83.33% | 126,000 | -106,000 | -237,000 |
| 売り | OBVの14日RSI＞70 | | | | | |

注1：手数料その他は考慮していない。1回のトレードで1枚売買するものとする
注2：手仕舞いルールはリバーシング（ドテン）するものとする
注3：網掛け部分は本シミュレーションのなかで筆者が最も有効と考えるルール

## ■短期の手仕舞いルールはどうか？

次に手仕舞いのルールを変更してみます。新しい手仕舞いルールは、以前のものに①５日後の大引け、②10日後の大引け、③20日後の大引け、の３パターンをそれぞれ加え、より早く手仕舞いでき

る方を適用します。結果は図189の通りです。短期で手仕舞うよりも、長くポジションを保有した方が有利との結果がでました。

図189 OBVのRSIによる短期トレードのシミュレーション（東京金）

| 検証データ：東京金先限つなぎ足 | | | | | | 1997/6/1～2002/5/31 |
|---|---|---|---|---|---|---|
| ルール | | 損益 | 勝敗（勝率） | 最大勝ちトレード | 最大負けトレード | 最大ドローダウン |
| 買い | OBVの14日RSI＜30 | | | | | |
| 売り | OBVの14日RSI＞70 | 5,000 | 18勝15敗 54.55% | 63,000 | -42,000 | -126,000 |
| 手仕舞 | 5日後大引け | | | | | |
| 買い | OBVの14日RSI＜30 | | | | | |
| 売り | OBVの14日RSI＞70 | 386,000 | 19勝6敗 76.00% | 178,000 | -93,000 | -101,000 |
| 手仕舞 | 10日後大引け | | | | | |
| 買い | OBVの14日RSI＜30 | | | | | |
| 売り | OBVの14日RSI＞70 | 563,000 | 17勝6敗 73.91% | 180,000 | -73,000 | -102,000 |
| 手仕舞 | 20日後大引け | | | | | |

注：手数料その他は考慮していない。1回のトレードで1枚売買するものとする

図190 月次資金残高曲線例（金：OBVの14日RSI　30/70ルール）

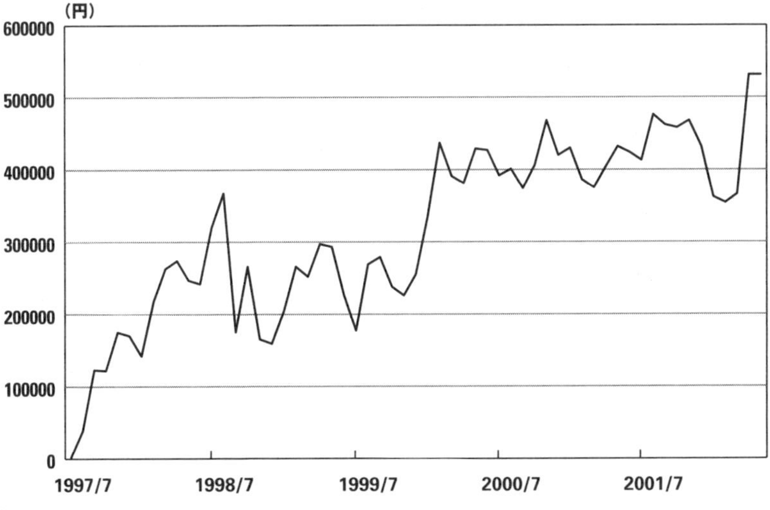

# Q65

## 銀のトレード戦略を示してください
## トレンドーカウンタートレンド(T−CT)システム

**A　「トレンドーカウンタートレンド」システムを紹介します。**

### ■トレンドの有無でブレイクアウトと逆張りを使い分ける

銀はこれまでの検証の結果、全体的に逆張りが有利との結果が出ていますが、移動平均のように順張り手法でも有効な場合があります。そこで、トレンドの有無をＡＤＸで計り、トレンドが現れていないときは逆張り、トレンドが現れているときは順張りトレードを仕掛けるシステムを検証してみます。

### ■トレードルール

**<買いルール>**

**◎仕掛け**

**・ＡＤＸ（14）＞30の時、50日最高値更新で買い**

**・ＡＤＸ（14）＜30の時、50日最安値更新で買い**

**◎手仕舞（リバーシング（ドテン）すると規定）**

**・ＡＤＸ（14）＞30の時、50日最安値更新で転売**

**・ＡＤＸ（14）＜30の時、50日最高値更新で転売**

**<売りルール>**

◎仕掛け

・ＡＤＸ（14）＞30の時、50日最安値更新で売り

・ＡＤＸ（14）＜30の時、50日最高値更新で売り

◎手仕舞（リバーシング（ドテン）すると規定）

・ＡＤＸ（14）＞30の時、50日最高値更新で買戻し

・ＡＤＸ（14）＜30の時、50日最安値更新で買戻し

## ■パフォーマンス

シミュレーション結果は、図191の通りです。

損益は1,079,400円。勝率が高く、「損益÷売買回数」の値も30,000円を超えており、良好なパフォーマンスとなっています。なお、平均の建玉期間は約35日間です。

図191 トレンド－カウンタートレンドによるトレードのシミュレーション（東京銀）

| 検証データ：東京銀先限つなぎ足 | | | | | | 1997/6/1～2002/5/31 |
|---|---|---|---|---|---|---|
| ルール | | 損益 | 勝敗（勝率） | 最大勝ちトレード | 最大負けトレード | 最大ドローダウン |
| 買い | ADX（14）＞30のとき 50日最高値更新 | 1,079,400 | 22勝10敗 68.75％ | 217,800 | -242,400 | -311,400 |
| | ADX（14）＜30のとき 50日最安値更新 | | | | | |
| 売り | ADX（14）＞30のとき 50日最高値更新 | | | | | |
| | ADX（14）＜30のとき 50日最安値更新 | | | | | |

注1：手数料その他は考慮していない。1回のトレードで1枚売買するものとする
注2：手仕舞いルールはリバーシング（ドテン）するものとする
注3：網掛け部分は本シミュレーションのなかで筆者が最も有効と考えるルール

## ■短期の手仕舞いルールはどうか？

次に手仕舞いのルールを変更してみます。新しい手仕舞いルールは、以前のものに①５日後の大引け、②10日後の大引け、③20日

図192 トレンドーカウンタートレンドによる短期トレードのシミュレーション（東京銀）

検証データ：東京銀先限つなぎ足　1997/6/1～2002/5/31

| ルール | | 損益 | 勝敗（勝率） | 最大勝ちトレード | 最大負けトレード | 最大ドローダウン |
|---|---|---|---|---|---|---|
| 買い | ADX（14）＞30のとき 50日最高値更新 | -221,400 | 25勝26敗 49.02% | 79,200 | -108,000 | -413,400 |
| | ADX（14）＜30のとき 50日最安値更新 | | | | | |
| 売り | ADX（14）＞30のとき 50日最高値更新 | | | | | |
| | ADX（14）＜30のとき 50日最安値更新 | | | | | |
| 手仕舞 | 5日後大引け | | | | | |
| 買い | ADX（14）＞30のとき 50日最高値更新 | 165,600 | 21勝21敗 50.00% | 198,600 | -108,000 | -355,800 |
| | ADX（14）＜30のとき 50日最安値更新 | | | | | |
| 売り | ADX（14）＞30のとき 50日最高値更新 | | | | | |
| | ADX（14）＜30のとき 50日最安値更新 | | | | | |
| 手仕舞 | 10日後大引け | | | | | |
| 買い | ADX（14）＞30のとき 50日最高値更新 | 102,600 | 21勝17敗 55.26% | 196,800 | -138,000 | -365,400 |
| | ADX（14）＜30のとき 50日最安値更新 | | | | | |
| 売り | ADX（14）＞30のとき 50日最高値更新 | | | | | |
| | ADX（14）＜30のとき 50日最安値更新 | | | | | |
| 手仕舞 | 20日後大引け | | | | | |

注1：手数料その他は考慮していない。1回のトレードで1枚売買するものとする

後の大引け、の3パターンをそれぞれ加え、より早く手仕舞いできる方を適用するというものです。

シミュレーション結果は図192の通りです。短期の手仕舞いルールは機能しない、との結果がでました。

図193 月次資金残高曲線例（銀：T-CTルール）

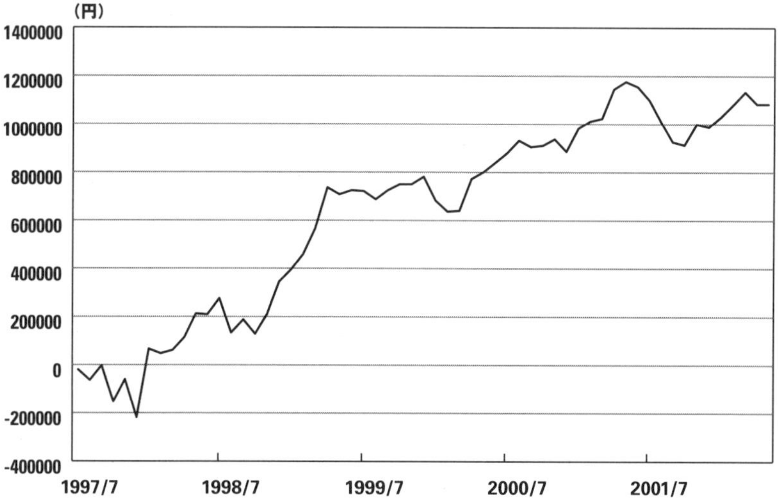

# Q66

## 白金のトレード戦略を示してください 勢力指数

**A 「勢力指数」を用いたシステムを紹介します。**

### ■「勢力指数」とは？

勢力指数とは、マーケットにおける強気と弱気の勢力を数値化したもので、アレキサンダー・エルダー氏の著書『投資苑』（パンローリング）のなかで紹介されている指標です。

勢力指数は「今日の出来高×（今日の終値－前日の終値）」と定義されており、価格の動いた方向と距離、および出来高によって計算されます。価格が前日比プラスのときは正の勢力、マイナスのときは負の勢力と考えます。価格変化と出来高が大きいほどその勢力がより大きいといえます。エルダー氏は、日々の勢力指数を一定期間の移動平均を用いてスムーズ化することを薦めています。

勢力指数の移動平均はゼロを挟んでゆっくりと上下し、ゼロより上にあるときは強気が、下にあるときは弱気がマーケットを支配していると考えます。

本書では、勢力指数の10日移動平均を用いてトレードシステムを作ってみました。

## ■トレードルール

**<買いルール>**

**◎仕掛け**

・**勢力指数の10日移動平均が3日続けてゼロを上回ったら、翌日寄り付きで買い**

**◎手仕舞（リバーシング（ドテン）すると規定）**

・**勢力指数の10日移動平均が3日続けてゼロを下回ったら、翌日寄り付きで転売**

**<売りルール>**

**◎仕掛け**

・**勢力指数の10日移動平均が3日続けてゼロを下回ったら、翌日寄り付きで売り**

**◎手仕舞（リバーシング（ドテン）すると規定）**

・**勢力指数の10日移動平均が3日続けてゼロを上回ったら、翌日寄り付きで買戻し**

## ■パフォーマンス

シミュレーション結果は、図194の通りです。

損益は1,080,500円です。最大ドローダウンも小さくなっています。平均の建玉期間は約20日です。

図194 勢力指数によるトレードのシミュレーション（東京白金）

| 検証データ：東京白金先限つなぎ足 | | | | | | 1997/6/1～2002/5/31 |
|---|---|---|---|---|---|---|
| ルール | | 損益 | 勝敗（勝率） | 最大勝ちトレード | 最大負けトレード | 最大ドローダウン |
| 買い | 10日勢力指数＞0が3日続く | 1,080,500 | 33勝31敗 51.56% | 219,000 | -70,000 | -231,500 |
| 売り | 10日勢力指数＜0が3日続く | | | | | |

注1：手数料その他は考慮していない。1回のトレードで1枚売買するものとする
注2：手仕舞いルールはリバーシング（ドテン）するものとする
注3：網掛け部分は本シミュレーションのなかで筆者が最も有効と考えるルール

## ■短期の手仕舞いルールはどうか？

次に手仕舞いのルールを変更してみます。新しい手仕舞いルールは、以前のものに①５日後の大引け、②10日後の大引け、③20日後の大引け、の３パターンをそれぞれ加え、より早く手仕舞いできる方を適用するというものです。

シミュレーション結果は図195の通りです。短期で手仕舞うよりも長くポジションを保有した方が有利との結果が出ました。

図195 勢力指数による短期トレードのシミュレーション（東京白金）

| 検証データ：東京白金先限つなぎ足 | | | | | | 1997/6/1～2002/5/31 |
|---|---|---|---|---|---|---|
| ルール | | 損益 | 勝敗（勝率） | 最大勝ちトレード | 最大負けトレード | 最大ドローダウン |
| 買い | 10日勢力指数＞0が3日続く | 933,000 | 110勝84敗 56.70% | 100,500 | -96,500 | -242,000 |
| 売り | 10日勢力指数＜0が3日続く | | | | | |
| 手仕舞 | 5日後大引け | | | | | |
| 買い | 10日勢力指数＞0が3日続く | 973,500 | 57勝64敗 47.11% | 123,000 | -104,000 | -309,500 |
| 売り | 10日勢力指数＜0が3日続く | | | | | |
| 手仕舞 | 10日後大引け | | | | | |
| 買い | 10日勢力指数＞0が3日続く | 992,000 | 45勝40敗 52.94% | 169,000 | -78,500 | -231,500 |
| 売り | 10日勢力指数＜0が3日続く | | | | | |
| 手仕舞 | 20日後大引け | | | | | |

注：手数料その他は考慮していない。1回のトレードで1枚売買するものとする

図196 月次資金残高曲線例（白金：10日勢力指数ルール）

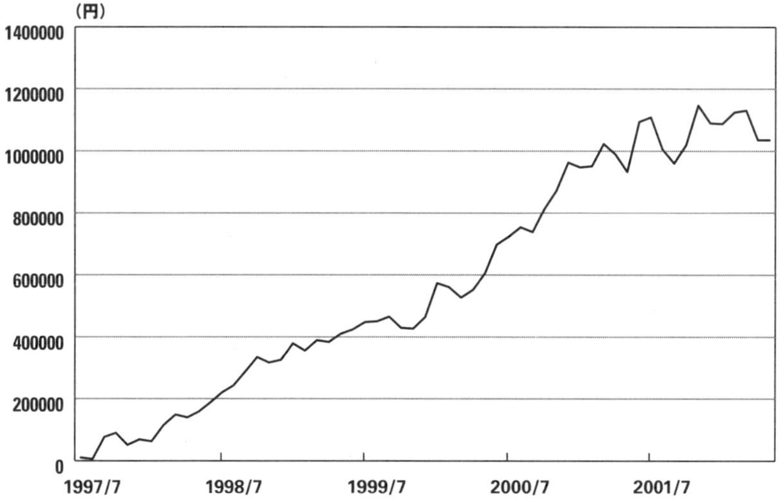

# Q67

## 金のオプション戦略を教えてください 戦略① プットオプション

**A　NY金のプットオプションを使った戦略例を紹介します。**

**日本市場には貴金属のオプションがありませんから、NY市場での解説です。紹介するのは、プットオプションの売りで割安の金を押し目買いする「ターゲット買い」手法です。**

### ■押し目買いの代替手段としてのオプション

金は石油などの他商品と比べてボラティリティが小さいため、押し目買いで拾おうとしても、かなり辛抱が必要です。オプションを使えば、押し目買いに近い効果を得られます。押し目買いをしたい人は、プットオプション（売る権利）を売ればいいのです。

売る権利を「売る」ということは、オプションの期日に金価格が権利行使価格を下回った場合に、権利行使価格で金を買うことを意味しています。その権利行使価格が自分の購入希望価格であれば、押し目買い完了というわけです。

逆に価格が権利行使価格以上で推移すればその権利料（プレミアム）を利益とすることができますから、何もしないでじっと押し目を待つよりも効率的といえます。

## ■NY金での戦略事例

では、具体的にどのようにすればいいのでしょうか？　事例を挙げます。2002年７月22日のＮＹ金市場は、次のような状態でした。

| | |
|---|---|
| NY金12月限価格 | 325.70ドル／TOZ |
| NY金12月限300ドルのプットオプション価格 | 3.30ドル／TOZ |

金を300ドルで押し目買いしたいという人が、このプットオプションを１枚（100TOZ）3.30ドルで売る場合、そのポジションの採算曲線は図197のようになります。

図197 ターゲット買いの採算曲線

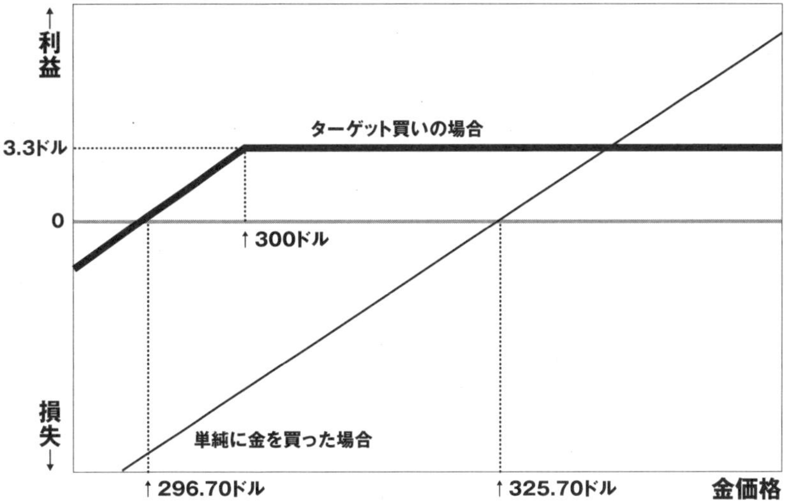

①12月限オプション納会期日（2002年11月21日）に12月限金価格が300ドル以上で推移している場合、利益は

3.30ドル／TOZ　×100TOZ＝330ドル（手数料差引前）

1枚当たりの委託証拠金は現在約1,300ドルですから、年率換算の収益率は

330ドル÷1,300ドル×12カ月÷4カ月＝約76％

②納会期日に12月限金価格が300ドルを下回っている場合は、300ドル／TOZでの金の押し目買い完了となり、地金を現受けするか、期先限月に乗り換えて値上がりを待つかを選択することになります。そのときの金購入コストは権利行使価格からプレミアムを差し引いて、

300ドル－3.3ドル＝296.70ドル

毎月このような取引を繰り返すことで、金をディスカウントで購入することができます。ただし、NY金オプション市場ではマーケットメーカーの売り腰が強く、成り行き注文を入れると理論値よりも大幅に安いプレミアムでしか売れないことがあります。指し値注文で待つことが重要です。

# Q68 金のオプション戦略を教えてください 戦略② コールオプション

**A NY金のコールオプションを使った戦略例を紹介します。**

**この戦略は、金現物もしくは先物を保有している人のためのコールオプションを使った「ターゲット売り戦略」です。Q67と同様にNY市場で解説します。**

## ■金利がもらえない欠点を補う戦略

これはQ67で紹介した「ターゲット買い」と逆で、売却目標価格のコールオプションを売る戦略です。

すでに金を保有しているが、目標価格になれば売って現金化したいというニーズに合致します。金を持っているだけでは金利がもらえないという金投資の欠点を補う意義もあります。鉱山会社にとっても、重要なヘッジ手法です。

## ■NY金での戦略事例

では、Q67と同じ2002年7月22日のＮＹ金市場を使って具体的な戦略例を示しましょう。

図198 ターゲット売りの採算曲線

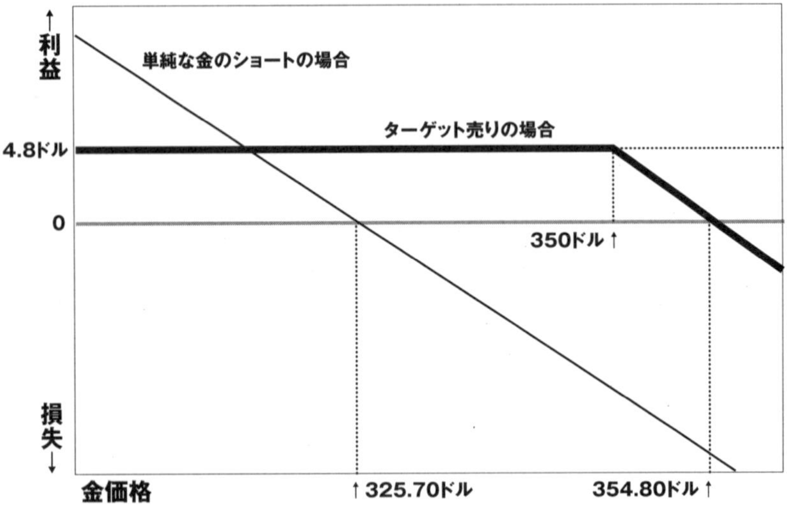


NY金12月限価格　325.70ドル／TOZ

NY金12月限350ドルのコールオプション価格　4.80ドル／TOZ

金を350ドルでターゲット売りしたい人が、このコールオプションを1枚（100TOZ）4.80ドルで売る場合、そのポジションの採算曲線は図198のようになります。

①12月限オプション納会期日（2002年11月21日）に12月限金価格が350ドル以下で推移している場合、利益は

4.80ドル／TOZ　×100TOZ＝480ドル（手数料差引前）

1枚当たりの委託証拠金は現在約1,300ドルですから、年率換算の収益率は

480ドル÷1,300ドル×12カ月÷4カ月＝約110％

②納会期日に12月限金価格が350ドルを上回っている場合は、350ドル／TOZでの金のヘッジ売りが完了となり、地金を渡して現金化します。そのときの金売却価格は

350ドル＋4.8ドル＝354.80ドル

# Q69

## CFTC建玉明細を使ってトレードできますか？

### A　プログラム化は困難ですが、押し目や戻りの目安にはなります。

### ■CFTC建玉明細（Traders Commitment Report）とは？

ＣＦＴＣ（米国商品先物取引委員会）は、毎週火曜日時点の取組状況を、その週の金曜日に発表しています。このＣＦＴＣ建玉明細には、ロングとショートそれぞれの枚数が、①当業者（コマーシャルズ）、②大口トレーダー（ファンド）、③小口トレーダー（一般投

図199 NY金のCFTC建玉明細

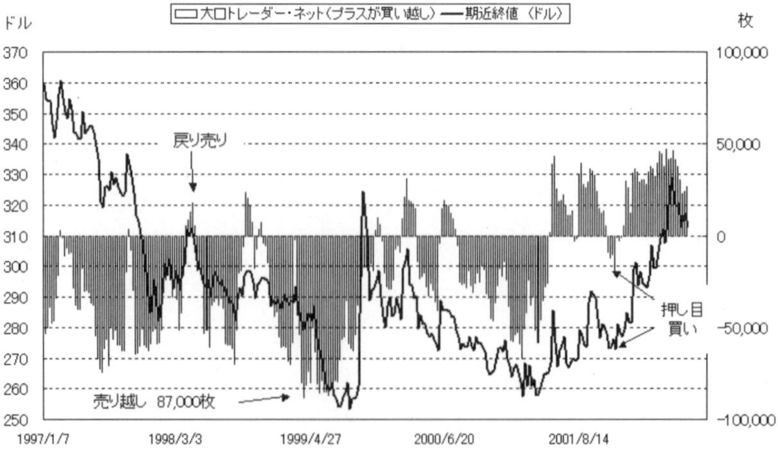

資家）の３カテゴリーに分けられて表記されています。

米国の商品先物相場では、取引量の約70％が現物を扱う当業者で占められており、①のネットポジションが判別できることが最良ではありますが、背後に複雑な現物取引が絡んでいるため容易ではありません。したがって、内部要因を分析する場合、通常は②の大口トレーダーに着目します。彼らはヘッジファンドを中心とした機関投資家であり、約20％のシェアを握っています。

## ■押し目・戻りの目安にはなる

図199はＮＹ金の大口トレーダーのポジションとＮＹ金価格の推移を示したものです（1997年１月～2002年７月）。

このチャートは、上昇トレンドの押し目、下降トレンドの戻りを計る目安として使えます。例えば、上昇トレンド時にファンドが売り越したときは、利食いが一巡し押し目が完了した可能性があります。反対に下降トレンド時にファンドが買い越したときは、戻り一杯とみてとれるでしょう。

相場は万人が総強気になったときに天井を打ち、総弱気になったときに底入れするといわれています。ファンドの建玉が過去の水準からみて、極端に片方に偏っている状態は天井・底圏の可能性があるといえます。明確に「何枚以上」というルールを決めることは難しいのですが、過去の水準から70,000枚～80,000枚がひとつの目安となりそうです。

# Q70

## トレード戦略を同時に複数運用するとどうなりますか？

**A　手法の分散化が計られ、資金残高曲線がより滑らかになります。**

**トレード戦略を同時に複数運用するということは、手法の分散化が計られるため、資金残高曲線がより滑らかになる効果があります。**

**統計的に有効と思われる手法（プログラム）を同時に複数用いれば、リスク分散を図るとともに、トレード数を増やすことで、大数の法則を生かした安定した運用を目指すことができます。**

### ■本書で紹介した17プログラムを同時運用するとどうなる？

本書でこれまで紹介した手法のうち、有効と思われる（各問のパフォーマンス表で網掛けになっているもの）11手法、17プログラムを同時運用した場合のシミュレーションを行いました。プログラムは図200の通りです。

シミュレーションの損益は15,019,100円となりました。総トレーディング回数は1,372回で、勝率は54.08％、最大ドローダウンは－497,200円です。

すべてのプログラムでシグナルが発生すると、同時に17枚建玉することになり、そのときの証拠金は約100万円※（2002年８月５日

図200 貴金属合成トレード戦略の11手法、17プログラム一覧

| プログラム | 金 | 銀 | 白金 |
|---|---|---|---|
| 単純移動平均　(Q54) | ― | ○ | ○ |
| ボリンジャーバンド逆張り　(Q55) | ○ | ○ | ― |
| ブレイクアウト　(Q57) | ― | ― | ○ |
| ＭＡＣＤ　(Q59) | ○ | ○ | ― |
| ＲＳＩ　(Q60) | ○ | ○ | ― |
| ストキャスティクス　(Q61) | ○ | ○ | ― |
| モメンタム　(Q62) | ― | ○ | ― |
| ＯＢＶ　(Q63) | ― | ○ | ○ |
| ＯＢＶのＲＳＩ　(Q64) | ○ | ― | ― |
| Ｔ-ＣＴ　(Q65) | ― | ○ | ― |
| 勢力指数　(Q66) | ― | ― | ○ |

現在）となります。想定元本を300万円とすると、手数料引き前の対投下資金利益率は約500％、年率換算すると約100％の利回りとなります。

また、検証期間は60カ月ですから、１カ月に22～23回仕掛けていることになります。手法や市場の分散によりリスクを低く抑えることができるため、単体でのトレードよりも資金残高曲線は滑らかになります。ただし、個人投資家として11の手法を同時に用いるのは、現実的には多すぎると思われますので、実際にトレードするときは自分に合う量に調節する必要があるでしょう。

※実際には、臨時増証拠金、追加証拠金などが発生する可能性もあり、それ以上の資金が必要になることがあります。

図201　17プログラム合成トレードのシミュレーション（金・銀・白金）

| 検証データ：東京金・銀・白金先限つなぎ足 | | | | 1997/6/1～2002/5/31 |
|---|---|---|---|---|
| 損益 | 勝敗（勝率） | 最大勝ちトレード | 最大負けトレード | 最大ドローダウン |
| 15,019,100 | 742勝630敗<br>54.08% | 360,000 | -242,400 | -497,200 |

注：手数料その他は考慮していない。1回のトレードで1枚売買するものとする

図202　月次資金残高曲線例（17プログラム合成）

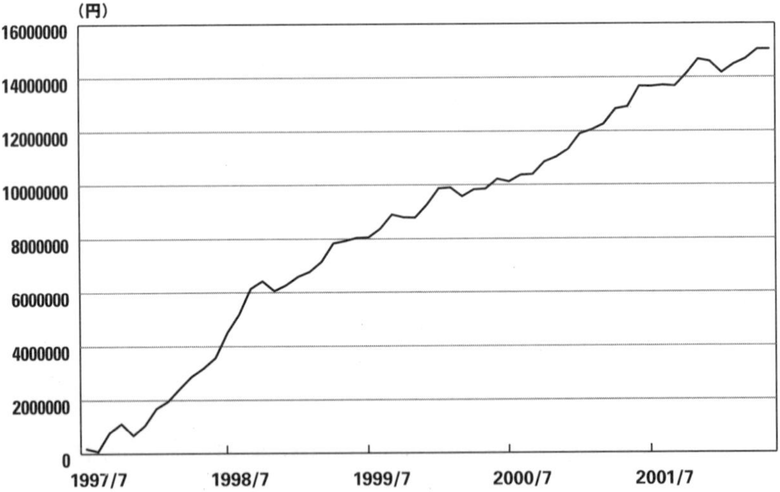

# 参考文献


- 『入門の金融～商品先物取引のしくみ』木原大輔著／日本実業出版社（2000）
- 『金の知識』住友金属鉱山㈱金属営業部、青柳守城編著／東洋経済新報社（1982）
- 『「金」と考える分散投資～ラストリゾートへの招待』住友金属鉱山㈱貴金属営業部編著、板垣哲史監修／ブックハウスジャパン（2002）
- 『スーパーガイド金の図鑑』リッチライフ研究会編／文芸春秋（1987）
- 『ゴールド・ディーリングのすべて～マーケットとディーラーたち』池水雄一著／神保出版会（1993）
- 『「金」21世紀への展望』ティモシー・グリーン著／日本経済新聞社（1988）
- 『金（ゴールド）が語る20世紀』鯖田豊之著／中央公論新社（1999）
- 『貴金属のはなし』山本博信著／技博堂出版（1997）
- 『貴金属のおはなし～ハイテク時代のキーマテリアル』田中貴金属工業㈱著／日本規格協会（1997）
- 『ゴールド～金と人間の分明史』ピーター・バーンスタイン著／日本経済新聞社（2001）
- 『キャピタル・フライト～円が日本を見棄てる』木村剛著／実業之日本社（2001）
- 『新投資術～注目の貴金属投資』江守哲著／総合法令（1999）
- 『貴金属・アルミニウムの基礎知識』東京工業品取引所（2001）
- 『貴金属データブック2000』ゼネックス（2000）
- 『Gold Survey 2002』Gold Fields Mineral Services（2002）
- 『World Silver Survey 2002』Silver Institute（2002）
- 『Platinum 2002』Johnson Mattey（2002）
- 『日本の100年』財団法人矢野恒太記念会著／国勢社（2000）
- 『売買システム入門』トゥーシャー・シャンデ著／パンローリング（2000）
- 『投資苑』アレキサンダー・エルダー著／パンローリング（2000）
- 『魔術師たちの心理学』バン・K・タープ著／パンローリング（2002）

# 参考ウェブサイト

●財務省――http://www.mof.go.jp/
●経済産業省――http://www.meti.go.jp/
●日本銀行――http://www.boj.or.jp/
●東京工業品取引所――http://www.tocom.or.jp/index_j.html
●日本商品先物取引協会――http://www.nisshokyo.or.jp/
●商品取引受託債務補償基金協会――http://www.hoshoukikin.or.jp/
●日本金地金流通協会――http://www.jgma.or.jp/
●田中貴金属工業㈱――http://www.tanaka.co.jp/
●パンローリング――http://www.panrolling.com/
●ニューヨーク商業取引所――http://www.nymex.com/
●日本ユニコム㈱調査部――http://www.unicom.co.jp/jyouhou/index.htm
（商品予測レポート、需給関連データなどが利用できる）

●World Gold Council――http://www.gold.org/
●Gold Fields Mineral Services――http://www.gfms.co.uk/
●Silver Institute――http://www.silverinstitute.org/
●Johnson Mattey――http://www.matthey.com/
●CFTC（米国商品先物取引委員会）――http://www.cftc.gov/cftc/cftchome.htm
●IMF（国際通貨基金）――http://www.imf.org/
●PIRA Energy Group――http://www.pira.com/
●The World Bank（世界銀行）――http://www.worldbank.org/
●OMEGA RESEACH社――http://www.oowdg.com/

**編著者**


## 渡邉勝方

わたなべ・かつのり

現在、日本ユニコム㈱の調査部長として、商品市況分析、取引プログラム開発、国内外のエネルギーデリバティブ取引に従事。

1982年、東京大学経済学部を卒業後、㈱トーメンに入社。原油部等にて石油製品の現物取引、デリバティブ取引に携わる。うち1986～1990年まで米国トーメン社ニューヨークにてNYMEX（ニューヨーク商業取引所）の石油デリバティブ取引を専任。著書に『個人投資家のための原油取引入門』（2001年、小社刊）、『個人投資家のためのガソリン灯油取引入門』（2002年、小社刊）がある。

メールアドレス：*ka.watanabe@unicom.co.jp*


**監修者**


## 加藤 洋治

かとう・ようじ

現在、日本ユニコム㈱の調査部貴金属アナリスト。

1965年東京大学経済学部を卒業後、総合商社勤務を経て1977年住友金属鉱山㈱入社。貴金属ディーリングに従事。1987～1990年東京ブリオンディーラーズクラブ初代会長を務める。1994年日本ユニコム㈱入社、1995～2000年同社取締役として法人事業本部等を担当。1996年『早わかり商品先物取引』（東洋経済新報社）を監修。


**共著者**


## 陳 晁熙

ちん・ちょうき

現在、日本ユニコム㈱調査部副長として市況商品アナリストを務める。日本テクニカルアナリスト協会検定会員。

1986年東京理科大学理学部を卒業後、予備校講師を経て、1990年日本ユニコム㈱入社。現職に到る。本書ではPart1の一部を担当。

## 藤澤広宗

ふじさわ・ひろむね

現在、日本ユニコム㈱調査部員として商品市況分析、取引プログラム開発に従事。

2000年、関西大学法学部を卒業後、現職。日本テクニカルアナリスト協会正会員。

2002年、『個人投資家のためのガソリン取引入門』を共著。本書ではPart3の一部を担当。


**執筆協力**


**日本ユニコム㈱調査部**

**大串清史、北野由美子、須田裕行、本吉沙織**

パンローリング相場読本シリーズ⑲

個人投資家のための

# 貴《き》金《きん》属《ぞく》取《とり》引《ひき》入《にゅう》門《もん》

2002年11月11日　初版第1刷発行
2006年 9月 1日　第2刷発行

編著者……………………渡邉勝方

発行者……………………後藤康徳

発行所……………………パンローリング株式会社

東京都新宿区西新宿 7-9-18-6F

郵便番号 160-0023

電話 03-5386-7391

編集・DTP……………………マイルストーンズ

装幀……………………細田“vagabond”聖一

印刷所……………………株式会社 シナノ

ISBN4-7759-9001-2　C2033

## ＜1＞ 投資・相場を始めたら、カモにならないために最初に必ず読む本！

### マーケットの魔術師
ジャック・D・シュワッガー著

「本書を読まずして、投資をすることなかれ」とは世界的なトップトレーダーがみんな口をそろえて言う「投資業界での常識」。

**定価2,940円（税込）**

---

### 新マーケットの魔術師
ジャック・D・シュワッガー著

17人のスーパー・トレーダーたちが洞察に富んだ示唆で、あなたの投資の手助けをしてくれることであろう。

**定価2,940円（税込）**

---

### マーケットの魔術師 株式編 増補版
ジャック・D・シュワッガー著

だれもが知りたかった「その後のウィザードたちのホントはどうなの？」に、すべて答えた『マーケットの魔術師【株式編】』増補版！

**定価2,940円（税込）**

---

### マーケットの魔術師 システムトレーダー編
アート・コリンズ著

14人の傑出したトレーダーたちが明かすメカニカルトレーディングのすべて。待望のシリーズ第4弾！

**定価2,940円（税込）**

---

### ヘッジファンドの魔術師
ルイ・ペルス 著

13人の天才マネーマネジャーたちが並外れたリターンを上げた戦略を探る!　[旧題]インベストメント・スーパースター

**定価2,940円（税込）**

---

### 伝説のマーケットの魔術師たち
ジョン・ボイク 著

伝説的となった偉大な株式トレーダーたちの教えには、現代にも通用する、時代を超えた不変のルールがあった！

**定価2,310円（税込）**

---

### 株の天才たち
ニッキー・ロス著

世界で最も偉大な5人の伝説的ヒーローが伝授する投資成功戦略！[改題]賢人たちの投資モデル

**定価1,890円（税込）**

---

### 投資苑（とうしえん）
アレキサンダー・エルダー著

精神分析医がプロのトレーダーになって書いた心理学的アプローチ相場本の決定版！各国で超ロングセラー。

**定価6,090円（税込）**

---

### ピット・ブル
マイケル・スタインハル著

チャンピオン・トレーダーに上り詰めたギャンブラーが語る実録「カジノ・ウォール街」。

**定価1,890円（税込）**

---

### ライアーズ・ポーカー
マイケル・ルイス著

自由奔放で滑稽、あきれ果てるようなウォール街の投資銀行の真実の物語！

**定価1,890円（税込）**

---

## ＜3＞ 順張りか逆張りか、中長期売買法の極意を完全マスターする！

### タートルズの秘密
ラッセル・サンズ著

中・長期売買に興味がある人や、アメリカで莫大な資産を築いた本物の投資手法・戦略を学びたい方必携！

**定価20,790円（税込）**

---

### カウンターゲーム
アンソニー・M・ガレア＆
ウィリアム・パタロンIII世著
序文：ジム・ロジャーズ

ジム・ロジャーズも絶賛の「逆張り株式投資法」の決定版！
個人でできるグレアム、バフェット流バリュー投資術！

**定価2,940円（税込）**

---

### オニールの成長株発掘法
ウィリアム・
J・オニール著

あの「マーケットの魔術師」が平易な文章で書き下ろした　全米で100万部突破の大ベストセラー！

**定価2,940円（税込）**

---

### オニールの相場師養成講座
ウィリアム・
J・オニール著

今日の株式市場でお金を儲けて、
そしてお金を守るためのきわめて常識的な戦略。

**定価2,940円（税込）**

---

### オニールの空売り練習帖
ウィリアム・
J・オニール著

売る方法を知らずして、買うべからず。売りの極意を教えます！
「マーケットの魔術師」オニールが空売りの奥義を明かした！

**定価2,940円（税込）**

---

### ウォール街で勝つ法則
ジェームズ・P・
オショーネシー著

ニューヨーク・タイムズやビジネス・ウィークのベストセラーリストに載った完全改訂版投資ガイドブック。

**定価6,090円（税込）**

---

### トレンドフォロー入門
マイケル・コベル著

初のトレンドフォロー決定版！
トレンドフォロー・トレーディングに関する初めての本。

**定価6,090円（税込）**

---

### バイ・アンド・ホールド時代の終焉
エド・イースタリング著

買えば儲かる時代は終わった！　高PER、低配当、低インフレ時代の現在は、バイ・アンド・ホールド投資は不向きである。

**定価2,940円（税込）**

---

### 株式インサイダー投資法
チャールズ・ビダーマン＆
デビッド・サンチ著

利益もPERも見てはいけない！
インサイダーの側についていけ！

**定価2,940円（税込）**

---

### ラリー・ウィリアムズの「インサイダー情報」で儲ける方法
ラリー・ウィリアムズ著

“常勝大手投資家”コマーシャルズについていけ！

**定価6,090円（税込）**

---

## ＜4＞ テクニカル分析の真髄を見極め、奥義を知って、プロになる！

### 投資苑 ／ 投資苑2

アレキサンダー・エルダー著

ベストセラー『投資苑』とその続編 エルダー博士はどこで
仕掛け、どこで手仕舞いしているのかが今、明らかになる！

**定価各6,090円（税込）**

---

### 投資苑がわかる203問
### 投資苑2 Q&A

アレキサンダー・エルダー著

**定価各2,940円（税込）**

---

### シュワッガーのテクニカル分析

ジャック・D・シュワッガー著

シュワッガーが、これから投資を始める人や投資手法を
立て直したい人のために書き下ろした実践チャート入門。

**定価3,045円（税込）**

---

### マーケットのテクニカル秘録

チャールズ・ルボー&
デビッド・ルーカス著

プロのトレーダーが世界中のさまざまな市場で使用している洗練さ
れたテクニカル指標の応用法が理解できる。

**定価6,090円（税込）**

---

### ワイルダーのテクニカル分析入門

J・ウエルズ・
ワイルダー・ジュニア著

オシレーターの売買シグナルによるトレード実践法
RSI、ADX開発者自身による伝説の書！

**定価10,290円（税込）**

---

### マーケットのテクニカル百科 入門編

ロバート・
D・エドワーズ著

アメリカで50年支持され続けている
テクニカル分析の最高峰が大幅刷新！

**定価6,090円（税込）**

---

### マーケットのテクニカル百科 実践編

ロバート・
D・エドワーズ著

チャート分析家必携の名著が読みやすくなって完全復刊！
数量分析（クオンツ）のバイブル！

**定価6,090円（税込）**

---

### 魔術師たちのトレーディングモデル

リック・
ベンシニョール著

「トレードの達人である12人の著者たち」が、トレードで成功するた
めのテクニックと戦略を明らかにしています。

**定価6,090円（税込）**

---

### ウエンスタインのテクニカル分析入門

スタン・
ウエンスタイン著

ホームトレーダーとして一貫してどんなマーケットのときにも利益を上
げるためにはベア相場で儲けることが不可欠!

**定価2,940円（税込）**

---

### デマークのチャート分析テクニック

トーマス・
R・デマーク著

いつ仕掛け、いつ手仕舞うのか。
トレンドの転換点が分かれば、勝機が見える!

**定価6,090円（税込）**

---

## ＜5＞ 割安・バリュー株からブレンド投資まで株式投資の王道を学ぶ！

### バフェットからの手紙
ローレンス・A・カニンガム

究極・最強のバフェット本――この1冊でバフェットのすべてが分かる。投資に値する会社こそ生き残る！

**定価1,680円（税込）**

---

### 賢明なる投資家
ベンジャミン・グレアム著

割安株の見つけ方とバリュー投資を成功させる方法。市場低迷の時期こそ、威力を発揮する「バリュー投資のバイブル」

**定価3,990円（税込）**

---

### 新賢明なる投資家　上巻・下巻
ベンジャミン・グレアム、ジェイソン・ツバイク著

時代を超えたグレアムの英知が今、よみがえる！
これは「バリュー投資」の教科書だ！

**定価各3,990円（税込）**

---

### 証券分析【1934年版】
ベンジャミン・グレアム&デビッド・L・ドッド著

「不朽の傑作」ついに完全邦訳！ 本書のメッセージは今でも新鮮でまったく輝きを失っていない！

**定価10,290円（税込）**

---

### 最高経営責任者バフェット
ロバート・P・マイルズ著

あなたも「世界最高のボス」になれる。バークシャー・ハサウェイ大成功の秘密――「無干渉経営方式」とは？

**定価2,940円（税込）**

---

### マンガ　ウォーレン・バフェット
森生文乃著

世界一おもしろい投資家の世界一もうかる成功のルール。世界一の株式投資家、ウォーレン・バフェット。その成功の秘密とは？

**定価1,680円（税込）**

---

### 賢明なる投資家【財務諸表編】
ベンジャミン・グレアム&スペンサー・B・メレディス著

ベア・マーケットでの最強かつ基本的な手引き書であり、
「賢明なる投資家」になるための必読書！

**定価3,990円（税込）**

---

### 投資家のための粉飾決算入門
チャールズ・W・マルフォード著

「第二のエンロン」株を持っていませんか?
株式ファンダメンタル分析に必携の書

**定価6,090円（税込）**

---

### バイアウト
リック・リッカートセン著

もし会社を買収したいと考えたことがあるなら、本書からMBOを成功させるために必要なノウハウを得られるはずだ!

**定価6,090円（税込）**

---

### 株の天才たち
ニッキー・ロス著

世界で最も偉大な5人の伝説的ヒーローが伝授する投資成功戦略！　[旧題]賢人たちの投資モデル

**定価1,890円（税込）**

---

## ＜7＞「相場は心理」…大衆と己の心理を知らずして、相場は張れない！

### 投資苑（とうしえん）

アレキサンダー・エルダー著

アメリカのほか世界8カ国で翻訳され、各国で超ロングセラー。精神分析医がプロのトレーダーになって書いた心理学的アプローチ相場本の決定版！

定価6,090円（税込）

---

### 投資苑　2　トレーディングルームにようこそ

アレキサンダー・エルダー著

世界的ベストセラー『投資苑』の続編、ついに刊行！
エルダー博士はどこで仕掛け、どこで手仕舞いしているのか今、明らかになる！

定価6,090円（税込）

---

### 投資苑がわかる203問

アレキサンダー・エルダー著

初心者からできるトレード3大要素（心理・戦略・資金管理）完全征服問題集！　楽しく問題を解きながら、高度なトレーディングの基礎が身につく！

定価2,940円（税込）

---

### 投資苑2　Q＆A

アレキサンダー・エルダー著

こんなに『投資苑2』が分かっていいのだろうか！
「実際にトレードするのはQ&Aを読んでからにしてください」（by　エルダー博士）

定価2,940円（税込）

---

### ゾーン～相場心理学入門

マーク・ダグラス著

マーケットで優位性を得るために欠かせない、新しい次元の心理状態を習得できる。「ゾーン」の力を最大限に活用しよう。

定価2,940円（税込）

---

### マンガ　投資の心理学

青木俊郎著

頭では分かっているけれど、つい負け癖を繰り返してしまう人へ、投資家心理を理解して成功するための心構えを解説。

定価1,260円（税込）

---

### 魔術師たちの心理学

バン・K・タープ著

「秘密を公開しすぎる」との声があがった偉大なトレーダーになるための“ルール”、ここにあり！

定価2,940円（税込）

---

### 株式投資は心理戦争

デビッド・N・ドレマン著

「市場から見放されている銘柄のほうが人気銘柄よりも儲けられる！」――最近実施されたコンピューター調査ではこんな分析結果が出ている！

定価2,940円（税込）

**話題の新刊が続々登場！現代の錬金術師シリーズ**

## 為替の中心ロンドンで見た。ちょっとニュースな出来事

柳基善著

ジャーナリスト嶌信彦も推薦の一冊。
関係者以外知ることのできない舞台裏とは如何に？

定価1,260円（税込）

## 年収300万円の私を月収300万円の私に変えた投資戦略

石川臨太郎著

カンニング投資法で、マネして、ラクして、稼ぎましょう。
夕刊フジにコラム連載中の著者の本。

定価1,890円（税込）

## 潜在意識を活用した最強の投資術入門

石川臨太郎著

年収3000万円を稼ぎ出した現代の錬金術師が明かす「プラス思考＋株式投資＋不動産投資＝幸せ」の方程式とは？

定価2,940円（税込）

## 矢口新の相場力アップドリル　株式編

矢口 新著

A社が日経225に採用されたとします。このことをきっかけに相場はどう動くと思いますか？

定価1,890円（税込）

## 矢口新の相場力アップドリル　為替編

矢口 新著

アメリカの連銀議長が金利上げを示唆したとします。
このことをきっかけに相場はどう動くと思いますか？

定価1,575円（税込）

## 私はこうして投資を学んだ

増田丞美著

実際に投資で利益を上げている著者が今現在、実際に利益を上げている考え方＆手法を大胆にも公開！

定価1,890円（税込）

## 投資家から「自立する」投資家へ

山本潤著

大人気メルマガ『億の近道』理事の書き下ろし。企業の真の実力を知る技術と企業のトリックに打ち勝つ心構えを紹介！

定価5,040円（税込）

## 景気予測から始める株式投資入門

村田雅志著

UFJ総研エコノミストが書き下ろした「超」高効率のトップダウンアプローチ法を紹介！

定価3,465円（税込）

## 株式トレーダーへの「ひとこと」ヒント集

東保裕之著

『株式投資　これだけはやってはいけない』『株式投資　これだけ心得帖』の著者である東保裕之氏が株式トレーダーに贈るヒント集。

定価1,050円（税込）

## 魔術師が贈る55のメッセージ

パンローリング編

巨万の富を築いたトップトレーダーたちの“生”の言葉でつづる「座右の銘」。ままならない“今”を抜け出すためのヒント、ここにあり。

定価1,050円（税込）

# よくわかる！シリーズ

割安株も成長株も検索が自由自在!!

## 「会社四季報」で銘柄スクリーニング入門

**著者 鈴木一之**　　DVD 138 分収録　定価 3,990 円 (税込)

知っているようで知らない『会社四季報』の活用術。その利用は投資家だけでなく、企業や経済、社会を知るための本としても多く使われています。
会社四季報のその活用法は多種多様であり、その使い方次第では、素晴らしい成果を得られることができます。本セミナーではその着眼点や誤った判断方法など鈴木一之氏が自らの成功体験を元にして会社四季報の活用術を解説します。

過去の業績から成長株を探す
資産を２年で40倍にしたウィリアム・オニールの手法を大公開!!

## 大化けする成長株を発掘する方法

**著者 鈴木一之**　　DVD 83 分収録　定価 3,990 円 (税込)

大化けする成長株を発掘することは、さほど困難ではない。その投資法とは、利益・増益の確認、株価の位置やトレンド、時価総額など誰もが学習すれば確認できるものばかりだからだ。さらに日本でも上場企業の四半期決算の義務付けにより、成長株の発掘の精度が高められるようになったのは朗報であろう。また本編は前回感謝祭の第二作目としてとして、手仕舞いのタイミングについても詳述する。手仕舞いのタイミングは空売りの定義としても使えるだろう。

世界中のトップトレーダーたちが愛用する、日本古来の分析手法

## ローソク足と酒田五法

**著者 清水洋介**　　DVD 75 分収録　定価 2,940 円 (税込)

白や黒の縦長の長方形、そこから上下に伸びる線。株価分析において基本となる「ローソク足」は、江戸時代から今日まで脈々と受け継がれています。「ローソク足」を読み解けば投資家心理が判り、投資家心理が判れば相場の方向性が見えてくるものなのです。その「ローソク足チャート」分析の真髄が「酒田五法」。経験則から生み出された、投資家心理を読み解くためのより実践的な分析手法を、分かりやすく解説します。

４つの組み合わせで株がよくわかる

## テクニカル分析 MM 法

**著者 増田正美**　　DVD 67 分収録　定価 3,990 円 (税込)

MM 法は売買銘柄の検索や売買参入点を慎重に判断する。それゆえ出現頻度は高くない。しかし、だからこそ個人投資家向けの手法なのだとご理解いただきたい。個人投資家が投資するのは自分のポケットマネー。したがって真剣勝負である。真剣勝負に他人と同じ武器で勝てるだろうか？ 優れた武器が必要ではないだろうか？ しかし、たとえ優れていても、その使い方を知らずに、また修練せずに真剣勝負に勝てるだろうか？ 武器は常に磨くべきであり、準備しすぎということはない。

詳しくは…
**http://www.tradersshop.com/**

道具にこだわりを。
よいレシピとよい材料だけでよい料理は生まれません。
一流の料理人は、一流の技術と、それを助ける一流の道具を持っているものです。
成功しているトレーダーに選ばれ、鍛えられたチャートギャラリーだからこそ、
あなたの売買技術がさらに引き立ちます。

銘柄選択
銘柄コード(C):
種類
限月(D):
指標(I):
倍率
OK
ヘルプ

Chart Gallery Pro